金恩喜（김은희）——著
丁俞——譯

一句話收服小孩子

聰明家長的37堂兒童心理學說話課

엄마가 되어 말하기를 다시 배웠습니다

作者序

世界上的每一位爸媽都是從「超級新手」開始，所以父母們都必須上一堂說話課。

我也和各位一樣，都是一名家長，我的孩子現在已經十八歲了，是一名高中二年級的學生。看著我的孩子，我經常會為他的成長感到十分驚奇，曾經那麼小的孩子，怎麼不知不覺中就長這麼大了呢？在孩子一年一年成長的同時，父母扮演的角色應該也要跟著變化，因為孩子五歲的時候、十歲的時候都會有不同的面貌。我剛成為媽媽的時候總是很好奇孩子的小腦袋瓜裡在想些什麼，也經常為該怎麼和孩子對話而煩惱。但話說回來，就算到了現在，我還是很好奇孩子究竟在想些什麼。

如果想要扮演好某個角色，最重要的就是要多看、多聽既有的範例，並努力嘗試。所謂「觀察學習」，就是指「一個人模仿其他人的想法、處事態度和舉止」等行為。但我們之中大部分的人，在過去的人生中可能都沒機會遇到能讓自己觀察學習的好榜樣。一直到長大成人、成為孩子的父母之前，我們扮演的角色一直都是別人的孩子，而當時我們的父母也都是還不成熟的新手爸爸、媽媽，雖然想要好好養育孩子，但卻不知道該怎麼做才好。除此之外，那個年代的生活比現在還要苦，光是要讓一家溫飽就夠忙的，更別說是教養了。當時的人也還不知道家庭教育的重要性，不知道該怎麼理解每個孩子不同的氣質和發展，並採取不同的教養方式。當上一代沒辦法為我們樹立良好的榜樣，在我們自己成為父母之後，就算想當個好爸爸、好媽媽，也是心有餘而力不足。

這個世界上沒有完美的爸爸，也沒有完美的媽媽，更何況所謂完美的父母也不見得對孩子來說就是最好的。活到現在，我們曾多次在填補自身不足與空虛感後，感受到喜悅和成就感。我們心中其實也很清楚，如果不去理會某個欠缺的事物，是不可能得到好結果的，其中最重要的一點就是「身為父母，我是這世上最愛我孩子的人」。

因為我是第一次當父母，
因為我是世界上最愛我孩子的爸爸媽媽，
因為我有了另一個名為爸爸或媽媽的名字，
所以有件事我必須去做，
那就是努力地彌補我的不足，
因為我知道努力過後必定能帶來快樂。

各位還記得孩子剛開始學說話的時候嗎？為了學好一個詞語，孩子必須要重複地聽，跟著說幾百次，還要試著在不同的情況下使用該詞語，才有辦法準確地掌握該詞語的使用時機。

一直到孩子能完全獨立，成為一名成年人，至少需要經歷二十年的成長過程。如果再加上進入大學就讀，到畢業成為真正社會人士，最少還要再加個兩年到四年的時間。

我在兒童發展領域深耕了二十多年，也為許多孩子和父母的「成長」提供了幫助。就我的經驗來看，在沒有任何學習的基礎下，想要把孩子養好幾乎是不可能的任務。不停地學習、反省並付出努力的父母們，才懂得要怎麼好好愛孩子、養育孩子。

願意練習「說話」的你，已經是了不起的父母了

說話是一件能夠靠努力改變的事，在我們生活周遭，也經常能夠看到透過說話練習，提高話語水準的例子。如果仔細觀察那些父母情感訓練課程、父母角色訓練等類型的講座，就會發現其實這些講座也都大同小異，就只有課程或講座的名稱不同而已，主題大部分都圍繞在溝通，以及父母與子女間的對話上。由此可知，說話方式的訓練有多麼重要，也證明了只要努力練習，就有很大的機會能夠提升自己說話的能力。

我之所以會寫這本書，全是為了那些想跟孩子好好溝通的父母們。我想透過這本

書，為那些想和孩子好好溝通，卻不知道方法的爸爸媽媽們提供一些幫助。為了讓讀者們能夠實際運用到生活之中，我在舉出常見事例的同時，也會寫出具體的處理方法與說話訣竅，而這些方式也都是從多種理論上衍生出來的。

因為工作上的特性，我有許多和父母們對話的機會，在和他們對話的過程中，我能感覺到爸爸媽媽們在這世界上最愛的人並不是他們自己，而是孩子。既然父母最愛的人是孩子，那麼我衷心地希望，未來爸爸媽媽們都能夠不用言語傷害到自己最愛的人，也不會再對孩子從幼兒園下課回家後的時間感到焦躁不安。

為了達到這個目標，我們第一件要做的事就是好好審視自己現在的模樣，好好思考自己是否曾在不知不覺中說出會讓孩子感到生氣的話，又或者是用言語傷害了孩子，讓親子間的關係產生裂痕。假如孩子說出一些出乎你意料之外，讓人感到有些驚慌失措的話，就要試著去了解孩子心裡在想些什麼。只有了解孩子內心真正的想法，我們才能夠為孩子做出更明智的選擇和應對。

為了解孩子內心想法付出努力的父母，比將孩子送到學費高昂補習班的父母更了不起。比起送孩子昂貴的玩具，學習不帶給孩子傷害才更有價值，所以請帶著「我是好父母」的想法，為自己的努力而自豪。我也相信閱讀這本書的父母們，都是準備好要成為優秀爸媽的人。

接下來我會在書中為各位介紹各式各樣的案例，看著那些無法順利溝通的孩子和父母們，請試著站在孩子的立場，試著去理解他們內心的想法。相反地，在看見父母和孩子心意相通，順利進行對話的範例時，請試著多讀幾次。可以的話，最好將自己覺得印象深刻的「佳句」標記起來，將句子寫在便條紙上，放在顯眼的地方提醒自己。每天唸個一兩次，久而久之，那句話就會成為一種習慣，在不知不覺中脫口而出，這樣的話就能夠幫助我們的孩子的心靈變得更健康。希望各位爸爸媽媽們都能透過和孩子心連心的溝通，幫助孩子養成一顆充滿美好的心，同時也期盼這顆美好的心能讓孩子、父母，乃至於這個社會變得更加幸福。

二〇二〇年十一月　金恩喜（김은희）

目次

為了爸媽開設的說話課 1

能夠跟孩子溝通才能心靈相通

為了爸媽開設的說話課2

想培養出高自尊的孩子，爸媽該說什麼樣的話

為了爸媽開設的說話課3

想培養出懂得調適情緒的孩子，爸媽該說什麼樣的話

為了爸媽開設的說話課4

想培養出高社會性的孩子，爸媽該說什麼樣的話

為了爸媽開設的說話課5

想培養出懂得解決矛盾的孩子，爸媽該說什麼樣的話

為了爸媽開設的說話課 1

能夠跟孩子溝通
才能心靈相通

了解孩子的心 01

父母是對孩子們來說最重要的人

為什麼孩子那麼容易因為爸媽的話受到傷害呢？

不知道大家還記不記得小的時候，爸媽曾對自己說過的話呢？是否曾經因為深夜裡媽媽一句「哎！累死我了」的喃喃自語，以為媽媽真的會這樣死掉，心裡七上八下的呢？如果就連爸媽的自言自語都會讓我們心慌，那麼爸媽曾對我們說過的那些話，又造成了什麼樣的影響呢？父母那些暖心的話語能在我們感到疲憊不堪時，成為安慰，成為繼續前進的勇氣；但父母曾說過的尖銳言語，則會成為心中永遠的傷痕。

小時候，爸爸曾經對我說過「妳是我們家的大麻煩」，這句話我到現在都還記得。明明經歷過那麼多事，有那麼多回憶，但我對於當時的情況、爸爸臉上的表情都還是記得清清楚楚的，而那些話也讓我和爸爸之間產生了無法拉近的隔閡。相反地，媽媽總是對我說：「我的女兒無論做什麼都會成功，媽媽相信妳。」每當我遇到困難的時候，就會想起媽媽對我說的話，那些話成了我重新站起來的動力，讓我像個不倒翁一樣重新挺起身來。

世上不會有想要故意說話傷害孩子的父母，但那些無意間說出的話語、不知不覺中變得尖銳的語氣都會留在孩子心中，成為永久的傷痕。父母和孩子是一起生活的人生伴侶，是懷有深刻愛意、信任和期待的家人。無論是能成為人生助力的好話，還是會因此受傷的壞話，只要是爸媽說的話，孩子全都會聽見。就算知道某些話可能會傷到自己，試著捂起耳朵，但那樣的話卻只會變得更加清晰。爸媽們在說出某些話後，可能不到一秒就開始感到後悔了，但話就像潑出去的水一樣，覆水難收。

回想今天早上，你是否對著要準備上學了，動作還慢吞吞的孩子說了些不好聽的話呢？昨天晚上，你是否因為孩子沒有做完說好要寫的作業，或是很晚了還不上床睡覺，脫口對他說：「我要被你氣死了」之類的話呢？就算你說的時候沒有那個意思，但孩子聽見這樣的話之後，有可能會產生誤會，產生「爸媽因為我很痛苦」的想法。他可能會像小時候的你一樣，因為父母隨口說出的話，偷偷流了整晚的眼淚。

孩子為什麼會因為爸媽說的話而受傷呢？如果是一些會讓心受傷的話，只要把它忘掉就好了，孩子們卻總會把那些話收進記憶倉庫裡頭。相反地，為什麼爸媽那些看似沒有什麼特別之處，可能說完就忘記的話，卻能為孩子帶來勇氣與安慰呢？

我們假設在同樣的狀況下，朋友和父母都對自己說了「你實在太糟糕了」。如果是朋友說出這樣的話，我們可能會想「他是因為不了解我才會這樣說」，又或者是「看來這個朋友跟我不太合」，就這樣把對方的話拋諸腦後；但我們會認為爸媽是這世界上最了解自己，也最愛自己的人。在人際關係的理論中，這樣的人被稱為是**重要他人**。

爸媽的一句話就能讓孩子們發光

嬰幼兒時期是建立與他人關係的時期，這時期與他人相處的模式會對孩子日後的人生有很大的影響。因此，身為孩子重要他人的爸媽所說的話，便會對孩子產生最直接的影響。

請試著回想一下小時候父母對各位說過最溫暖的話是什麼。

「親愛的兒子，你現在心情如何？有沒有什麼不開心的事？」

「親愛的女兒，媽媽永遠站在妳這邊。」

如果問某個人「你覺得自己是個幸福的人嗎？」的時候，對方能夠回答出「我當然是個幸福的人」的話，他的父母在他小時候應該說了許多能讓他的心健康成長的話。如果問這樣的人感到幸福的理由是什麼，他們大概會這麼回答：「因為我的父母非常愛我啊！」請記得父母過去曾說過的，讓你不停散發光芒、總是感到幸福的話，並將這些話說給你的孩子聽。

爸媽們在這世上最愛的人就是孩子，也自然會想為他們做許多事。想給他們最好的，讓他們不用羨慕別人，無論他們想要什麼，都想盡全力滿足他們。但請各位一定要記得，比起給孩子世上所有美好的事物，我們有一件更重要的事要做，那就是不對孩子使用如刀刃般尖銳的言語，在他們的心中留下傷痕。房子蓋得再美輪美奐，只要有一點裂痕就有坍塌的危險。同樣的道理，費心用滿滿的愛替孩子打造出健康的心後，也要時刻留意他的心是否出現裂痕。比起「給予」的多寡，讓孩子在成長過程中不感到「欠缺」才是最重要的。

了解孩子的心02

父母是孩子的人生準則

為什麼孩子會認為父母是完美的呢？

每個人都有自己一套價值觀、想法和決定是否做某件事的準則。舉例來說，信奉基督教的基督徒會盡可能地照著耶穌基督所言行事，而信奉佛教的佛教徒則將佛祖所說的話奉為圭臬，按照教義的規範和標準生活。就算沒有信奉任何宗教，人們也會努力去適應所屬群體、社會的法律與規範，不讓自己脫離該群體所設下的框架。

那麼孩子們的人生準則又是什麼呢？對孩子們來說，他們人生的準則就是父母。爸媽所說的話、所做的事會決定孩子思考的模式，並為他們的心塑形。孩子的心可能會被塑造成圓滑的圓形、有著尖銳外形的三角形，又或者是充滿愛的心形，他們的人生準則將照著爸媽所畫出的形狀逐漸成形。爸媽對孩子而言是比法律還要更重要的標準，是比《聖經》影響更深的準則。當孩子在人生中面臨抉擇時，父母就像是指南針一樣，在一旁為他們指引方向。

如果對某個人的信任不夠強大，應該就無法把對方當成是自己的人生準則了吧？孩子對爸媽的信任是一種與生俱來的本能，也是無條件的信任。請仔細觀察孩子們平時說的話。

柳彬：我媽媽很會煮菜。
勝宇：我爸爸每天都會買禮物給我。
俊書：我媽媽說要買活的恐龍給我。
世熙：我爸爸只喜歡我一個人。

在未滿六歲的學齡前孩童身上，孩子對父母的無條件信任會更加明顯。這點只要透過觀察孩子在嬰幼兒時期的行為舉止，就能得到印證。舉例來說，就算學齡前孩童知道「紅燈不能過馬路」的規定，但他們只要看見媽媽沒有遵守規定，他們就會跟著在紅燈時穿越馬路。又好比說孩子在被同學欺負的時候，會說出：「我要告訴我爸爸！我爸爸的力氣很大喔！」從這兩個例子裡我們可以看出對孩子來說，父母是優先於法律的行動準則，同時也是能夠為自己解決各種問題的人。孩子之所以會有這樣的表現，全是源自於他們對父母全然的信任。

並不是每一個爸爸的力氣都很大，世上也沒有一個媽媽能買活著的恐龍給孩子，但孩子還是會無條件地相信父母，甚至認為爸媽是世上最強大的存在。那麼孩子為什麼會有這樣的想法呢？其實是因為他們很清楚地知道自己是個無比脆弱的存在。

弱小的孩子需要一個能夠依靠的對象，所以他們會下意識地想去相信父母是個完美的存在。因為心裡有這樣的想法，孩子會想像自己的爸媽是完美無缺的，並合理化所有不合常理的情況。時常感到不安或是不夠獨立的人之中，之所以有很大一部分的人都是「袋鼠族」（形容已經到了經濟獨立的年紀，卻還是待在家啃老的年輕人），也是出自於同樣的原理。也就是說，「袋鼠族」在成年之後仍然十分依賴父母，並不是因為他們的爸媽多有錢。事實上，這樣的情況與他們父母的實際狀況和能力毫無關聯，這類型的人單純只是因為太渴望依靠他人過活，才會想像自己擁有完美、理想的父母。

爸媽是孩子在這世界上最想相信的人

關於孩子對父母無條件的信任，在下述的這個事例中有許多值得深思的切入點。

就讀小學二年級的祐晟每星期都會接受遊戲治療，但某一天，他比約好的時間還要晚到諮商室。祐晟氣呼呼地和媽媽一起走進諮商室，看起來非常生氣。

諮商心理師：你現在是不是很生氣？

祐晟：（沒有開口回應，敲打著牆壁表達怒氣。）

祐晟母親：（走到諮商心理師身旁悄悄地說）我在來的路上撞到別人的車了。

祐晟：（流著淚）哪有媽媽這樣的！妳沒資格當媽媽！

這樣的情況乍看之下似乎令人難以理解，但如果站在孩子的立場上思考的話，就會懂為什麼孩子會有這樣的反應了。在發生上述的事件之後，孩子意識到現實中的媽媽並不是自己想像中那麼完美無缺，自己一直以來依賴、且如此信任的媽媽其實是個跟自己一樣脆弱，有時會犯錯的普通人。孩子對媽媽的信任在這一瞬間崩塌，認為自己在這世上沒有能夠依靠的人，受到這樣的打擊，自然會感到不安。

當對父母的全然信賴出現裂痕，心理狀態不安定的兒童或是年幼的嬰幼兒所受到的打擊和失望感會比一般人更加強烈。這是因為當孩子的內心越是不安，就越傾向於將自己要依靠的對象「無限放大」，換句話說就是「英雄化」。當孩子發現自己如此信賴的父母是個脆弱的普通人時，心中的那份信任就會化為更大的挫折和不安。舉個例子，那些平時無法和同齡的小朋友玩在一起，又或者是容易感到焦躁不安的孩子經常會過分地強調自己對媽媽的愛。我想各位應該也時常看到這樣的情況，他們總會說：「我最喜歡我媽媽了！」但這樣的孩子如果對媽媽感到失望，就會以「全世界我最討厭媽媽了」

等有些極端的話語表達他的憤怒。也就是因為這樣，孩子有時候才會在看似不是什麼大事的狀況下，表現出極度的憤怒和矛盾心理（兩種相互矛盾的情緒同時存在的狀態）。

請不要在孩子面前說些貶低自己的話

近來有許多年輕父母們為了想表現對孩子的尊重，誤用了貶低自己的方式。舉例來說，爸媽們在和孩子玩遊戲的時候說了「爸爸不懂這個，你教教我好嗎？」或是「媽媽不會弄這個，請你幫幫我」之類的話。又好比說職場媽媽們在公司認真工作，拖著疲憊的身軀回到家時卻對孩子說：「媽媽對不起你。」如果是沒做到跟孩子約定好的事，或是真的犯了錯當然要道歉，但在這樣的情況下，媽媽只不過是盡自己做為一名上班族的責任，好好去上班而已。下班之後她也盡到做媽媽的責任，用心地照顧孩子，所以根本沒有必要說對不起，孩子並不會想看到媽媽動不動就道歉的軟弱模樣。

請仔細回想，你是否也把「對不起」掛在嘴邊，每天都要說上好幾次呢？如果你總是這麼做的話，要知道這樣的行為可能是在加深孩子的不安，告訴他們「爸爸媽媽是軟弱的人，是個無法信任的人」。我們只有在沒有好好過生活、傷害了孩子的心或是做了不好的榜樣時才需要和孩子道歉，沒有必要為了尊重孩子而過度放低自己的姿態。要記得孩子心中的準則源自於父母，所以我們只要開開心心地過生活，努力為孩子展現好榜樣就可以了。只要這麼做，孩子就自然而然地會信任並依賴父母，他們的心會在父母的努力下成為美好的模樣，好好地長大。

父母煩惱諮商室

我想提問！

Q 是不是該快點讓孩子知道爸媽並沒有辦法替他做所有的事情呢？如果孩子一直懷有這樣的錯覺，過於依賴父母該怎麼辦呢？

A 這種不合理的錯覺是孩子成長過程中再自然不過的一環，所以沒有必要急著打破他們的幻想。對於孩子幼兒時期的泛靈論思維（例如對書桌、雲朵等無生命的事物賦予生命，是一種幼兒時期會出現的獨特思維），父母們都能夠輕易理解並接受。在面對幼兒時期的孩子無條件地信任父母，甚至出現「神格化」的行為時，處理方式其實和接受孩子的泛靈論思維並無二致，父母們暫時不需多做干涉，孩子怎麼想就由著他們去。

因為當孩子結束幼兒時期、青少年時期，長大成人之後，他們自然而然就會了解到其實父母並不是完美的，爸爸媽媽也是第一次為人父母，也同樣是個脆弱的人。

Q 如果說孩子會無條件地信任父母，不是應該要很聽爸媽的話才對嗎？

A 雖然父母對孩子來說是非常重要的存在，但還是有很多父母會抱怨孩子不聽父母的話。假如孩子總是不聽爸媽的話，我們就必須要好好審視親子之間的依附關係是否屬於安全型依附。假如親子依附關係屬於不安全型，孩子就會戴上深黑色太陽眼鏡去看世界。在戴著黑色太陽眼鏡看世界的孩子眼裡，原本看上去令人垂涎欲滴的鮮紅蘋果變成了灰色。假如孩子拿下臉上的深色太陽眼鏡，他們就會知道父母所說的話是在幫助自己，發現自己應該反過來感謝爸媽願意說這些話才是。

Q 只要父母要求孩子照著自己的想法做事，孩子就會信任並聽從父母的指示嗎？

A 對於自己能夠信任並依靠的完美存在，孩子心中自有一套定義，這樣的人不一定要很強大，也絕對不是讓人感覺很強勢、總是照著自己的意思行動的人。會讓我們想要信賴並依靠的人應該是時刻寬容待人、就算不說出口也能理解自己、讓自己有獨立嘗試的機會，同時還能讓人感覺到溫暖的人才對。

Q 那麼當了父母就不能犯錯，一定要時刻保持完美的形象嗎？

A 並不一定要時時刻刻都是完美的。只要父母平時總是保持開朗、充滿朝氣和正能量、做什麼事都很認真、擁有正確的處事態度，就算偶爾因為身體不舒服表現出病懨懨的樣子，或是有些小失誤，孩子也不會因此覺得爸媽就是個懦弱、無法信任的人。看見父母和平時不同的那一面，孩子反倒會展現出更穩重的一面，並學著用自己的方式守護爸媽。如果平時孩子和父母形成了安全型的依附關係，未來在遇到危機時反倒能帶來正面的影響。

了解孩子的心03

父母的話語會決定孩子所說的話

為什麼對話對父母和孩子的關係如此重要呢？

談論養育孩子時一定會提到「依附關係」這個詞語。各位是否曾經聽過「依附關係很重要」的說法呢？依附關係是指父母和孩子關係的品質，而親子關係的品質決定了心靈的品質。想要打造出安全型的依附關係，對於孩子情緒的敏感度、心靈上的支持、民主的教養方式，以及對孩子個別氣質與發展的理解能力都缺一不可。在所有關係之中，我們說出的話語以及和對方之間的對話，都會對雙方的關係造成影響，爸媽和孩子之間的關係也是如此，這也是為什麼我會說溝通是親子關係中最重要的一環。在孩子的成長過程中，父母和孩子之間的對話能讓孩子的心靈變得更強大，相反地也有可能會讓孩子成為一個只要遇到挫折就會被打倒的人。

講到這，是不是有些人在想「零到兩歲的寶寶連話都不會說，還談什麼溝通」呢？

人類是無法獨自存活的生物，所以寶寶為了生存，生來就擁有與人建立起關係的欲望。雖然不是用說的，但他們會嘗試著用哭聲來與他人建立起關係，寶寶在表達自己欲望的時候是非常明確的。寶寶天生就有表達自己所求的能力，而在面對寶寶對自身欲望的表達時，爸媽們所做出的反應會決定爸媽和寶寶之間的依附關係，讓我們來看看下面這個例子吧！

一個週末，十九個月大的寶寶和媽媽、外婆正在準備出門。平時都在上班的媽媽久違地想抱抱孩子，但寶寶看起來似乎比較想去外婆身邊，她一邊哭鬧一邊朝著外婆伸出雙手。這時，媽媽將寶寶交給了外婆。

媽媽：妳看，她連抱都不給我抱了。隨便妳，去外婆那吧！

溝通是一種相互作用，也就是其中一方表達了自己的想法和意思，另一方則就此給出了反應。在上述的例子中，寶寶表達了自己對該狀況感到陌生，媽媽則給出了負面的反應，這樣的反應可能會對媽媽和寶寶日後的關係造成不好的影響。那如果媽媽給予的反應是像下面這樣的話呢？

媽媽：看來媽媽的寶貝女兒比較喜歡給外婆抱呢！但媽媽也好想抱抱妳，可以讓媽媽抱一下嗎？

了解自己心中想法並表現出體諒的媽媽、想要努力跟自己變得更親近的媽媽、就算被我拒絕，還是沒有放棄向自己表達愛意的媽媽，有這樣的媽媽，才能打造出安全型依附關係。未來無論被誰傷了心，或是遇到挫折，孩子都會想起媽媽充滿包容的溫暖話語，並從中得到力量。

一整天和還不會說話的孩子待在一起，獨自一人在家育兒的時候，有時會突然覺得自己過得好悲慘。但在這些看似沒有任何價值的無聊育兒日常中，媽媽給予孩子的每一個反應其實全是這世上最有價值的事。

四個月的秀珉最近開始學翻身了。下面是秀珉和媽媽之間的互動，我想不只是我，這應該是許多媽媽們曾有過的日常吧！

媽媽：再過去一點點，再過去一點點，妳做得很棒喔！加油！（面帶微笑）

秀珉：（看著媽媽一會後再次抬頭嘗試翻身。）

媽媽：（秀珉翻過身後）做得很好！妳好棒，我的寶貝太厲害了！

媽媽抱起秀珉並親了親她的臉頰。看著來到這世上後，第一次嘗試用自己的力量翻身的孩子，媽媽們會自然而然地說出「做得很好！你可以的！」等話語為孩子加油打氣。孩子努力吸著母奶的時候，媽媽們也會用溫柔的聲音說著：「肚子很餓吧？真棒」、「真是可愛」之類的話。大家應該都曾經說過類似的話吧？

媽媽的這些反應看似沒什麼了不起，但卻全是關係到孩子心靈是否強大，能讓孩子感受到感動與基本信賴感的重要舉動，也是打造安全型依附關係的要素。媽媽如果能夠快速地察覺到孩子的需求和欲望，並給予正面的回應，對孩子的自我概念與自尊感的形成會產生很大的幫助。

相反地，如果孩子已經傳達了「我已經睡醒了」的信號，媽媽卻沒有給予任何回應，孩子會怎麼做呢？假如孩子因為渴望媽媽身上的味道和擁抱，哭著要媽媽抱抱自己，媽媽給出的反應卻是「不要再哭了！」的話，孩子就會產生負面的想法，認為自己不被愛，是一個沒有用的存在。

孩子會用爸媽講話的方式學說話

約莫在三歲，孩子學會說話之後，父母和孩子之間的溝通就變得更加重要了。這個歲數的孩子正處於語言能力突飛猛進的時期，如果孩子在這個時期能和爸媽有良好的溝通的話，就能學到許多不同的詞語與溝通方式，這對孩子的語言與認知發展都具有相當大的益處。

和父母溝通良好其實也代表孩子喜歡聽爸爸媽媽說話。而擅長傾聽他人話語，對孩子的社會性發展也有相當正面的影響。孩子和父母的溝通方式會直接反映在他們和同齡孩子的溝通上。

泰俊的媽媽平時和孩子溝通的時候語氣總是很生硬，且總是用指使和控制他人的語氣在和泰俊說話。書妍的媽媽說話時則是輕聲細語，在溝通時會引導書妍認識自己的情緒。下面是六歲的泰俊和書妍在幼兒園玩耍時的對話。書妍正在玩積木，泰俊直接走過去，將整桶積木拉到自己身邊。

書妍：泰俊，我現在正在玩，要一起玩才對啊！
泰俊：我也有我要拼的東西！放在妳旁邊我不好拿。
書妍：好吧！那我過去你那邊。

泰俊的媽媽平時在溝通的時候，比起其他人的感受，總是更在意自己的，經常會展現出想控制對方的那一面。因此泰俊在幼兒園裡和其他人相處的時候，比起別人的狀況或感受，會更在乎自己的欲望，並用指使他人的口吻來進行溝通。相反地，書妍的媽媽因為會試著去了解孩子的感受，並以雙方都能接受的方式進行溝通，書妍在和同齡的孩子溝通時，也會試著去體諒他人並學習妥協。

假如各位發現孩子不擅於和自己或同齡的孩子溝通，請仔細地觀察自己平時所說的話和溝通模式。只要父母改變和孩子的對話方式，孩子大部分的問題行為都能得到解決。接下來我會為大家舉個例子。

洙赫是一名經常和同齡孩子發生爭執的七歲男孩。這天，媽媽久違地說好要和洙赫一起玩玩具。

洙赫：媽媽，快點跟我一起玩。哇！是警車。
媽媽：那個是小孩子在玩的吧？（興致缺缺地看向別的地方。）
洙赫：這個門還能打開喔！妳快看。
媽媽：（打了個哈欠後看了一眼）喔，是喔。（視線立刻飄到別的地方去。）
洙赫：媽媽！妳為什麼不跟我玩！

雖然是很簡短的對話，但這段對話裡我們能看到很多問題。洙赫的媽媽無視洙赫所選的玩具，甚至還出言譏諷那是小孩子在玩的東西。除此之外，洙赫的媽媽還表現出一副跟洙赫一起玩是件無聊的事的樣子，不但打了哈欠，還一直將目光轉向別的地方。在陪孩子一起玩耍的時候，應該要讓孩子感受到自己有主導權，並得到大人的尊重才是，但是洙赫卻連在一起玩耍的時候都被媽媽否定。

那麼無法在媽媽那裡得到尊重的洙赫，在和同齡的孩子一起玩的時候，又會有什麼樣的行為舉止呢？他有辦法體諒朋友的感受，跟對方好好相處嗎？下面是洙赫在幼兒園和其他小朋友的對話。賢鎮正在和其他小朋友一起畫圖。

洙赫：賢鎮，跟我一起玩。

賢鎮：我的畫還沒畫完，等畫完再一起玩。

洙赫：（無法等賢鎮把圖畫完）喂！跟我一起玩啦！你為什麼不陪我玩！（把賢鎮的畫揉成一團。）

賢鎮：喂！你為什麼要把我的畫揉成這樣！（開始哭泣。）

受到父母尊重的孩子才會懂得尊重他人。和父母一起分享、同心協力完成某些事，被父母理解，且一同開心玩耍的經驗越多，孩子和同齡人自然就能相處得更好。如果發現孩子跟同齡的小朋友處得不好，經常發生衝突的話，請仔細觀察自己平時說話的方式，並學習當一個好爸媽該說什麼樣的話。

了解孩子的心04

孩子是看著父母的背影長大的

在爸媽所說的話和行動之中，孩子認為更重要的是哪一個呢？

面對心愛的孩子，我們總是想教他們許多東西，而教導孩子的時候，我們最常使用的媒介就是語言。一遍講不聽就講兩遍，講兩遍還是不聽就講三遍……對爸媽來說，就算同樣的話要說上百遍，他們也還是想讓孩子理解正確的觀念。但孩子都會百分之百相信父母所說的話嗎？說十遍都不聽了，說一百遍就會突然聽進去嗎？如果爸媽漏掉了「這個」，不要說一百遍，就算說一千遍，也不會為孩子帶來正面的影響。所謂的「這個」就是爸媽的態度，也就是**非語言溝通**。

我想大部分的人應該都聽過「孩子是看著父母的背影長大的」這句話吧？比起父母刻意展現給孩子看的那一面，他們下意識做出來的行為舉止對孩子的影響會更大。比起父母言語上的教誨，孩子學得更快的是父母在日常生活中所表現出來的態度。現在就來看看我們平時經常會犯下的錯誤吧！

媽媽平時總是告訴孩子不能打人，在看見孩子出手打弟弟的時候，一邊對孩子說：「你這傢伙，不是跟你說不能打弟弟嗎？」一邊打了一下孩子的額頭。孩子會比較相信媽媽說不能打小朋友的話，還是會相信媽媽伸手打自己的行為呢？

我們為了給孩子勇氣，經常會說像是「媽媽相信你」這樣的話，但又會在看到孩子展現弱小的樣子時，轉過身去嘆氣。看著媽媽總是說著同樣的話，卻又不停為此嘆氣的背影，孩子會有什麼樣的感覺呢？我敢保證，孩子絕對不相信這樣的媽媽所說的話。孩子看起來什麼都沒在看，但其實他們都在默默觀察媽媽平時的行為和表現出來的態度。在某個瞬間，孩子就會開始模仿媽媽的行動和態度了。

舉例來說，媽媽總是告訴孩子要好好跟其他小朋友相處，自己卻三不五時就和爸爸吵架。看著這樣的媽媽，孩子只要和朋友的意見不一致，就會下意識地想透過吵架來解決雙方之間的矛盾。媽媽總是告訴孩子常看手機眼睛會壞掉，電視看久了會變笨，但自己無聊的時候卻總是滑手機、看電視，看著這樣的媽媽，孩子會怎麼想呢？

請讓他們看見何謂真誠的關懷和正確的態度

用言語教導孩子正確作為的時候，要先站在孩子的視角，想想孩子看到身為父母的自己時會有什麼樣的感受。爸媽在說教時是否只是光說不練，還是會身體力行地當自己的榜樣，其實孩子都是看在眼裡的。有些孩子總是把話說得很好聽，但實際的行動或意圖卻不是那麼好。舉例來說，有些孩子是發自內心地想幫助他人，有些孩子則是為了操行要拿高分才去當志工，又或者是為了被別人稱讚才做好事。

心的深度決定了孩子的行為是做做樣子，還是出自真心。而想要打造一顆有深度的心並不是用聽的就能達成，而是要先親眼看見該怎麼做，並實際付出行動，親身去實踐才能做到。因此，父母表現出來的態度自然變得十分重要。只要爸媽自己先表現出關心他人、樂於分享、合作等與人建立起關係的正確行為，就算沒有不停在孩子身邊耳提面命地告訴他們該怎麼做，孩子也會自然而然地模仿起爸媽的行為。

了解孩子的心05

孩子還不懂得如何調整自己的情緒

在面對過分耍賴的孩子時，該怎麼說話才對呢？

為了替孩子打造一顆端正又美麗的心，爸媽只能說好聽的話，或讓孩子聽了心情好的話嗎？事實並非如此，在孩子做錯事的時候一樣要訓斥孩子，在孩子們發生爭執的時候，也必須扮演起仲裁者的角色，在這樣的情況下，怎麼可能只說好聽的話呢？

雖然爸媽說話的內容也很重要，但我在這裡想把重點放在說話的方式上，以此做較具體的說明。不管說話的內容是什麼，其實只要改變說話的方式，就能給對方一種被尊重的感覺。說話的方式，換言之就是說話的類型，其實是有分等級的。許多諮商心理師們會將父母和孩子間的溝通做分類，針對「好的對話」和「不好的對話」給予建議。光是觀察父母和孩子之間的溝通，就能分析出孩子的依附類型，以及父母教養孩子的態度。

舉例來說，孩子想要在親子樂園多玩一會，但媽媽已經想回家了，處在這種矛盾的情況下，媽媽可能會說出下列的話，讓我們根據下面的話來分析一下媽媽們的說話方式吧！

●指使、控制型媽媽的說話方式

無視孩子的感受，只說自己想說的話

「不行，現在必須回家了。你已經玩夠久了，而且這邊也快關門了。」

「趕快回家吃飯、洗澡了。快過來！你不過來媽媽就要自己回去了。」

●縮減、轉移型媽媽的說話方式

透過把孩子的注意力轉移到其他事物上來解決這個狀況

「已經玩很久了，我們走吧！乖乖聽話媽媽就到超市買〇〇〇給你！」

●放任型媽媽的說話方式

被孩子的情緒牽著鼻子走，說話完全沒有任何影響力

「知道了，那你繼續玩吧！（讓孩子玩到營業時間結束，最後還要請店員幫忙勸孩子離開。）現在不能玩了對吧？現在要關門了對吧？」

●情緒指導型媽媽的說話方式

表現出對孩子感受的共鳴，同時針對孩子的行為給出某些限制

「看來是最後玩的沙坑太好玩了，所以你才不想回家對吧？但我們現在必須要回家了，媽媽可以等你一下下，你還想要在沙坑玩多久呢？（聽孩子提出的時間，這時孩子回答一百小時！）

媽媽沒辦法等你這麼久，因為現在已經到媽媽回家煮晚餐的時間了。我們等分針走到這裡就回家可以嗎？（和孩子一起訂下回家的時間。）

現在要開始整理囉！我們在沙坑再玩個五分鐘就回家吧！（在時間快到的時候開始收拾東西。）」

請用情緒指導型的對話方式和孩子溝通

孩子在嬰幼兒時期，因為調整自身情緒的能力還沒有發展完全，在日常生活中經常會有哭鬧、耍賴的情形發生。例如只要去賣場就會想要玩夾娃娃機或是買玩具，每天早上都吵著不想去幼兒園。不咀嚼嘴裡的食物，一直含在嘴裡，或是直接說不想吃飯，這樣的情形三天兩頭就在上演。和孩子一起度過一整天就跟在打仗一樣，會不停地出現

衝突。

一天裡發生數十次的衝突，媽媽在此時用指使、控制型的方式說話的話，孩子會有什麼樣的感受呢？孩子大概會認為媽媽就是個凡事都要照她的意思行動的人吧！因為發現在家裡的時候，強勢的媽媽不管遇到什麼事都能如自己所願，孩子在面對同齡小朋友的時候可能也會表現得很強勢，或是過度強調自己的力量。除此之外，孩子在和他人對話的時候也會學習媽媽的說話方式，比起試著理解對方的感受，更著重在自己想說的話上。

那如果媽媽採用的是第二種，縮減、轉移型的說話方式呢？所謂縮減、轉移型的說話方式，就是傾向於把孩子的注意力轉移到其他地方上，而不是去檢視發生矛盾最根本的原因，並從中尋找合理的解決方法。簡單來說，就是以逃避的方式處理當下發生的矛盾。

舉例來說，當看見媽媽要出門去上班的時候，孩子因為不想和媽媽分開總會哭鬧。有些媽媽因為不想看到孩子哭泣的樣子，就會選擇打開電視轉移孩子的注意力，接著再偷偷離開。在遇到矛盾的情況時，孩子必須要練習調整自己的情緒，孩子必須要有這些調整微小情緒的經驗，才能夠擁有調整較大情緒的力量。但在上述的例子裡，孩子失去了調整自己情緒的機會，這在未來也會影響到他們調整情緒的能力。雖然當下看似已經避開了衝突、解決了矛盾，但這樣的解決方式只會讓孩子耍賴、哭鬧的行為變得越來越嚴重。

那如果媽媽採用的是第三種，放任型的說話方式呢？孩子會發現無論遇到什麼樣的衝突，只要哭鬧，基本上就能得到自己想要的，這同時也是所有溝通方式之中最危險的一種。

最後一種說話方式則是**情緒指導型**，如果媽媽使用這樣的方式與孩子溝通的話，對孩子會有什麼正面的影響呢？在上述親子樂園的例子中，媽媽很清楚孩子的感受，雖然孩子已經在親子樂園玩很久了，但他才剛剛到沙坑來玩而已，站在孩子的立場上，自然會覺得還玩不夠。情緒指導型的媽媽會在這個時候敏銳地察覺到孩子所處的狀況和感受，並表達自己能了解孩子感到遺憾的心情。但與此同時，這類型的媽媽也不會忘記明確地告訴孩子現在的情況，以及媽媽自己的立場，接著和孩子一起訂下合理的解決方式和限制。

總是聽著情緒指導型對話長大的孩子，自然而然就會學會自己調整情緒的方式。這樣的孩子在情緒上會顯得相對穩定，在和同齡的小朋友們相處的時候，也會用合理的方式解決問題，有很高的機率會成為同齡人之中受歡迎的人。

只要能了解孩子的感受，他們的共感能力也會跟著變強

指使、控制型的媽媽因為只說自己想說的話，她們的話就像小碗一樣，就算努力想裝進更多東西，也不可能裝得下。避開主要的問題，採用縮減、轉移型溝通方式的話，媽媽的話就會像一個漏洞百出的碗一樣，再怎麼努力地裝東西進去，到最後碗裡頭還是一無所有。那麼沒有任何原則，凡事照著孩子的意思做事的放任型溝通方式呢？這類型的媽媽所說的話就和薄如蟬翼的玻璃碗一樣，就算時時刻刻都很小心翼翼，但只要碰到一點小小的衝擊就會立刻裂開。

不曉得各位有沒有在育兒和教養書籍中看過類似「盡量避免說負面的話，試著用正面的話和孩子溝通」的說法呢？舉例來說，比起對孩子說「不要跑！」改成說「慢慢走」會比較好。但有部分的父母似乎誤會了這句話的意思，認為跟孩子說話的時候不能用否定的句子。我可以跟各位保證，在面對無法好好調整自己情緒的孩子時，絕對不能缺少「不行」、「不能這麼做」等話。請各位銘記在心，許多和問題行為相關的研究結果都顯示，在放任型父母底下長大的孩子，一般都會具有高攻擊性，以及較低的情緒調節能力。

說到這裡，不用我說出來，各位應該也都知道在爸媽的說話方式中，何者才是最

堅固耐用也最大的碗了。如果孩子在成長過程中，父母總是用情緒指導型的方式和他對話，孩子就能從中學習到許多有用的建議和智慧。在與他人產生爭執的時候不會只顧著表達自己的想法，而是嘗試著理解對方的感受，思考合理的解決方式。唯有這樣的孩子才能有一顆堅強、不會輕易被打碎的心。父母說話的方式會影響孩子心的寬度和深度，也會決定孩子說話的水準。請各位一定要花時間檢視自己在和孩子對話的時候，是使用什麼樣的溝通方式。

了解孩子的心06

父母的話會成為孩子的幸福荷爾蒙

如果孩子總用負面的角度看世界該怎麼辦呢？

如果要用顏色來形容和孩子度過的一天，你第一個會想到什麼顏色呢？準備上學的時候、從幼兒園或學校回來的時候、準備晚餐的時候、吃完晚餐準備洗澡的時候、準備睡覺的時候，如果問孩子他們在這些時候會想到什麼顏色的話，你覺得他們會選擇什麼樣的顏色呢？

人活著的時候，每個瞬間都會有不同的情緒，這樣的情緒在一天之內可能會有數十次，甚至是數百次的變化。就算身處一樣的地點，一樣的時間，每個人感受到的情緒都是不同的。喜歡去學校的孩子只要一想到能和朋友一起玩，早早就會起床，開心地等待著上學的時刻到來。而沒有做功課，知道自己一定會被老師罵的孩子，則會帶著恐懼和擔心的心情迎接早晨。在幼兒園裡很受其他小朋友歡迎的孩子，會非常享受在幼兒園的時光，心中充滿開心、成就感等正面的情緒。反觀那些擔心其他小朋友不會跟自己玩的孩子，他們待在幼兒園的時候，心中則會充滿恐懼、緊張、孤獨、喪失感、擔憂和不安等負面情緒。

填滿孩子一天的顏色和情緒，會對他們的成長產生至關重要的影響。各位應該聽說過大腦神經傳達物質中被稱為「幸福荷爾蒙」的**血清素**吧？血清素分泌較多的人就算心情低落，或是遇到讓人有壓力的情況，也能夠壓抑想要做出脫軌行為的衝動。血清素除了對我們的姿勢和表情有正面的影響，能夠帶給他人良好的印象之外，最近也有很多研究結果顯示，血清素能夠幫助我們快速捕捉到他人的表情和動作，這也能間接讓我們的人際關係變得更好。

每天都被快樂、喜悅、滿足、興奮、欣慰、舒適和幸福等正面情緒填滿，孩子的大腦就會分泌較多的血清素，而正向的生活態度也有利於生理上的發育。可能是因為這樣的孩子比較能傾聽他人的看法，他們的能力、語言表達、社會性和情緒調節能力都會朝著正向的方向發展。

相反地，整天都被煩惱、不滿、恐懼、陌生、煩躁、怒氣、羞恥感、羞愧和枯燥的負面情緒填滿的話，孩子又會變成什麼模樣呢？他們大概會一直以負面的角度看這個世界，以畏畏縮縮的姿態過每一天吧？這種僵硬、消極的態度會讓孩子無法好好接受新的刺激，孩子各方面的發展也自然會變得相對緩慢。

請每天都記得詢問孩子們的一天過得如何

就算接受相同的教育，結果也會因為孩子以什麼樣的情緒度過一天有所不同。如果說一整天都充滿幸福感，總是笑嘻嘻的孩子的成長幅度是一百；沒有笑容、總是表現得相當不安的孩子的成長幅度大概就只有十。

但這並不代表我們必須要變得戰戰兢兢，想辦法讓孩子一整天只遇到開心的事情，因為在日常生活裡，孩子是不可能時時刻刻都感到幸福的。重要的是孩子的一天之中，正面和負面情緒的比例各占了多少。

現在請回想一下孩子的表情，試著猜猜看吧！孩子這一天裡正面和負面的情緒各占了多少呢？是五比五、一比九，還是九比一呢？現在再仔細觀察一下孩子的表情，看看自己的預測準不準確吧！

我希望這世上的所有孩子在度過他們的一天時，有百分之九十以上的時間都充滿了幸福、快樂、滿足、喜悅、興奮和自豪等正面情緒。比起被大人訓斥，希望他們能聽到更多的稱讚和鼓勵。比起和同齡的孩子競爭，希望他們能夠在安心、舒適的氣氛中盡情歡笑。比起漠不關心，希望他們都能被他人關心，並從中感受到自己正被愛著。

最大的盼望則是孩子們都能從父母那裡聽到充滿勇氣、鼓勵、信賴的話語。愛與感謝、認同與共鳴、真實與幸福的話語能夠讓孩子的心充滿鮮豔和美麗的色彩。如果爸媽們能夠多關心孩子的表情，試著了解他們的情緒的話，孩子的心就會因為這份關心成為潔白無瑕的白色。

而父母出於對孩子的關心所說的話，會漸漸用五顏六色的色彩填滿這塊白色。溫柔的父母所說的話會把孩子的心染成粉紅色的，能讓孩子哈哈大笑的父母所說的話會把孩子的心染成清爽大海的藍色。希望孩子們的心都能被多采多姿的顏色填滿，同時也讓我們的社會變得更加純淨、開朗、幸福。

了解孩子的心07

孩子在說話的時候對父母有一定的期待

要怎麼知道孩子想要什麼呢？

各位媽媽還記得婚前跟丈夫談戀愛的時期嗎？妳結婚前的理想對象又是什麼樣的人呢？有許多人的理想伴侶都是「能和自己溝通的人」。所謂能和自己溝通的人，換句話說應該就是能夠了解自己內心的人吧！假如今天因為跟另一半鬧彆扭，一氣之下說出「算了！停車，我要自己走」後下了車，對方卻真的直接開車離開的話，這樣的戀愛關係是無法長久的。同樣地，在難過的時候說出「別打電話給我了」，另一半就真的完全不聯絡的話，也很難一直攜手走下去。

相反地，如果今天有一個外貌不完全是自己的理想型，卻總能在我需要安慰的時候給予真摯的安慰和共鳴，在我需要做出正確抉擇的時候，能夠顧慮我的心情，在不傷到我的心的前提下給出建議的人，各位會有什麼感覺呢？我想大部分的人都會產生「想跟這個人繼續聊下去」、「跟這個人的溝通很順暢」的感覺吧！我想大部分的媽媽們應該最後都選擇了和心中那個「能和自己溝通的人」結婚吧！既然在選擇人生的另一半時也把「話」當作是如此重要的標準，我們就能知道在人與人的關係之中，傾聽以及在不傷害對方感受的前提下說話有多麼重要。

對話的重要性並不是只有在第一印象和一段關係的開頭而已，在已經形成的關係之中，對話也會在關係的品質、維持期間的長短上扮演相當重要的角色。

我來舉個例子吧！各位在結婚之後，是否曾經向丈夫抱怨過主管呢？如果這時候丈夫指責妳說：「妳看！我就叫妳要那樣做了吧？」又或者是說：「我自己是主管，所以我能夠理解他為什麼會這樣……」等話語，試圖站在主管的立場說服妳的話，各位會有什麼樣的感受呢？因為心裡有解決不了的煩惱，想要詢問丈夫有什麼樣的建議時，丈夫卻一直盯著電視，假裝有在聽妳說話，最後短短回了句：「這種事妳要自己想辦法」的話，各位心中會有什麼感覺呢？大概就不想繼續和丈夫對話了吧！被無視的不快、鬱悶、煩躁和失望，還有那股感覺不被尊重的怒氣，可能會讓妳氣得晚上睡不著覺吧？因為我們對某人說的話從來都不是隨便說出口的，人們在說話的時候，都是對另一方抱著某種期待才開始的。

孩子也和大人一樣，他們在說話的時候也對對方有一定的期待。說不定孩子在和父母對話的時候，心中的期待比大人還要來得更大呢！孩子無法跟大人一樣用具有邏輯的話語，鉅細靡遺地表達自己所處的情況和情緒，也正是因為如此，他們對聽者的期待就會更大。與「無法詳細地表達，期待卻很大」的孩子溝通，並不是一件容易的事。

我們來看一下五歲的多恩和媽媽的對話吧！剛放學的多恩從娃娃車上走了下來，她的心情看起來不是很好。

多恩：腳好痛，揹我！

媽媽：妳明明就能自己走，為什麼要我揹妳。自己走，媽媽現在也很累。

多恩：（一邊發牢騷一邊走路，最後不小心跌倒了）嗚嗚！都是媽媽的錯啦！嗚嗚！

媽媽：什麼？妳自己跌倒的跟我有什麼關係！

這樣的狀況大概三不五時就會發生一次，孩子只要遇到對自己不利的情況、感到委屈、煩躁的情況時，總是會說：「都是媽媽的錯。」媽媽們總是無法理解孩子為什麼會這麼說，甚至還會擔心「孩子會不會連自己做錯事，都要怪罪到他人頭上呢？」媽媽們在這種情況下，總會思考著到底是要改掉孩子這個壞習慣，還是接受這是孩子在這個時期會有的行為，不多做追究。

媽媽也想要和孩子好好溝通，那為什麼會發生上述的情況呢？這是因為雙方在對話時的心態有差異，其中的差異讓對話無法順利進行。媽媽是將孩子當下表現出來的行動，以及說出來的話做為基準在對話；但孩子則是以自己先前的狀況，以及內心真正想法做為基準在對話。在時間點和基準都不同的情況下，雙方自然無法進行良好的溝通。

● 以孩子當下表現出來的行動，以及說出來的話做為基準在對話的媽媽立場

「為什麼一回家就發脾氣！明明就可以自己走，卻硬要我揹她。」

「明明就是自己沒走好才跌倒的，為什麼要怪到我頭上！」

● 以自己先前的狀況，以及內心真正想法做為基準在對話的孩子立場

「媽媽沒發現我從娃娃車下來的時候心情就不好了嗎？」

「今天在幼兒園的時候，舒允都不跟我玩，一直在跟旻載玩，害我一整天都好難過。」

「因為想要被安慰，所以才要媽媽揹我的，結果媽媽卻拒絕我了。」

「就是因為媽媽沒有揹我，所以我才會跌倒的，都是媽媽的錯。」

請站在孩子的角度理解他們的表情與情緒

如果想要和孩子好好溝通，就要按照孩子所期待的標準，也就是站在孩子的角度說話。為了能夠真正站在孩子的角度說話，我們要仔細觀察孩子的表情，而非他們說出口的話和行動。尤其是當孩子處在負面情緒之中時，必須要更留心觀察，因為孩子在煩躁的狀態下所說出的話、做出的行為不會是什麼好聽話或良好的舉動，這些都只會助長父母的怒火而已。

這種時候如果只看孩子表現出來的模樣進行對話，溝通失敗的機率非常高。當各位發現孩子的表情不太好看時，請先不要看孩子的行為，也先不要聽他們那些脫口而出的話。請仔細觀察孩子的表情，想辦法找出孩子究竟想對自己說什麼。接著說：「你看起來好像遇到了什麼不開心的事呢！」只要能向孩子表達「我已經準備好聽你訴苦了」，這樣的對話基本上就算是成功了。

只有父母和孩子的心靈相通，才有辦法好好打造孩子的心。在心裡的話還沒說出口，心也不相通的情形下，父母是沒有辦法幫助孩子打造他們的心的。如果父母們覺得自己的心無法觸及孩子的心，先停下自己想說的話，認真地看著孩子的眼睛，試著這麼說說看看。

「兒子！你看得見我的心在想什麼嗎？我因為看不見你的心在想什麼，覺得好傷心喔！我也想聽聽你的心裡在想些什麼。」

在父母的心和孩子的心連在一起之後，我們才能開始幫助孩子打造一顆強大的心。

能夠跟孩子溝通才能心靈相通

- 孩子人生最高的標準就是爸媽。父母所說的話和行動都會決定孩子的思維模式，和他們將擁有一顆怎麼樣的心。
- 如果父母們能夠快速且正確地掌握孩子們的意圖和需要，並做出正面的反應，對孩子的自我概念和自尊感的形成都會有很大的幫助。
- 三歲之後，孩子們的語言發展會來到顛峰期。跟父母擁有良好溝通的孩子們，能夠體驗各種語言和溝通的類型，這對孩子們的語言認知還有發展都有相當大的幫助。
- 一天中充滿開心、愉悅、滿足、興奮、欣慰、舒適和幸福等正面情緒的孩子們腦中會分泌很多血清素，正面積極的生活態度對生理上的發展也會有一定程度的幫助。

● 心靈的深度並不是光靠聽人家怎麼說就能培養起來的，而是要親眼看到，並身體力行才能做到。因此父母們要先表現出關心他人，懂得分享、合作，做出在與他人建立關係時應有的正確行為舉止，讓孩子們去學習要怎麼做才能得到正面的結果，並從中學習。

● 當孩子們的表情不太對勁的時候，爸媽們應該要留意觀察，嘗試找出孩子們真正想說的話是什麼。且試著對孩子說「你看起來好像遇到了什麼不開心的事呢！」，表現出自己已經準備好要傾聽孩子所說的話，只要這麼做，爸媽和孩子之間的對話基本上就算是已經成功了。

為了爸媽開設的說話課 2

想培養出高自尊的孩子，爸媽該說什麼樣的話

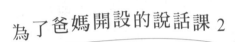

打造孩子的心01

請不要催促孩子，聽聽他們內心的聲音吧！

為什麼要求孩子不要哭，好好說話，他們會覺得受傷呢？

環顧一下周圍，應該經常會看到這樣的爸媽。這些爸媽們會要求哭泣的孩子坐下，說：「不要哭，好好說話。你不說我怎麼會知道！」看著癟著嘴，就是不說話的孩子，父母自然會感到非常鬱悶。每次聽到父母們說這樣的話，我都會不由得擔心起「孩子還好嗎？在那種氣氛下真的說得出口嗎？」忍不住產生想安慰孩子的念頭。

有些人可能會反過來問，這樣的說法並不是在訓斥或指責孩子，問題出在哪？有些人大概是真的感到好奇才會這麼問吧！即使爸媽在說這樣的話的時候，心中並沒有傷害孩子的意思，但有時事情並不會按照我們的想法發展。站在孩子的立場來看，爸媽的某些話可能會讓他們感到有些委屈，又或者是在被催促說話的僵硬氣氛中受到傷害，就像我在上一段所舉的例子一樣。

因為希望大家能夠牢牢記住這點，我用了比較誇張一點的說法來形容其負面影響。上面所提到的話可能會在兩方面產生影響，第一個是孩子會對爸媽感到失望，覺得和爸媽之間有隔閡，兩人之間的關係可能會惡化。第二個是孩子可能會產生憂鬱、自卑和不安等負面情緒，心靈也會因此受到傷害。

「好好說話」這句話究竟錯在哪呢？我們能在依附關係的形成過程中找到其中的原因。形成依附關係的決定性時期為零到兩歲，在這個時期，爸媽聽到寶寶的哭聲後，會仔細觀察寶寶是尿布濕了、肚子餓了，還是有其他地方讓他不舒服。這是父母和寶寶之間的信號，爸媽會讓哭泣的寶寶冷靜下來、感受到安全感。除此之外，爸媽對於寶寶的需求是非常敏感的，他們總是能很快地察覺到寶寶的需求，並為他們提供所需。彼此之間不斷重複著發送信號並做出反應，寶寶會在這個過程中感受到父母的愛，對父母產生依戀。

只有在孩子把話說清楚的時候，才能懂他們心裡在想什麼的爸媽，並不是他們心目中的理想父母。因為只要孩子把自己想要的說清楚，根本用不著爸媽，任何一個大人大概都會想辦法為孩子提供幫助。

孩子心目中的理想父母並不是一般大人，而是永遠站在自己這邊的特別存在。孩子期待爸媽能靠自己的眼神、表情、動作和行為知道自己心裡在想些什麼。就連不同的哭泣方式、鬧脾氣、亂丟東西、大喊大叫或打人等負面行為，孩子都會認為這是自己在向爸媽發送信號。孩子在做這樣的行為時經常會說：「我不是說過了嗎！」事實上，孩子並沒有真正說出口，但他們認為自己已經用了充滿負面情緒的行為向爸媽發送了信號，期待著父母能夠接收得到。總歸一句，那些親子間溝通十分順暢的父母，其實就是就算孩子沒說出口，也依然能掌握孩子的狀態與心情，心思細膩且敏感的父母。

那麼如果爸媽不了解自己的心情，還不停催促自己把心裡的話說出口的話，孩子對爸媽會有什麼樣的感覺呢？剛開始可能會覺得很鬱悶，也會感到失望。嚴重的話，之後可能還會產生「這算什麼父母？」的想法，心中充滿負面情緒，和爸媽之間也會產生隔閡。

孩子越是不安，就會越往兒童時期退化

孩子為什麼一看見爸媽就會流淚呢？我想每個人大概都有類似這樣的經歷吧？跟丈夫一起看著悲傷的電影的時候，費了很大的勁忍住不掉眼淚。但就在這時候，丈夫看著自己的臉問了句：「妳在哭嗎？」這瞬間，妳強忍許久的眼淚是否瞬間潰堤了呢？又或者是小時候在外面和朋友吵了架，一回到家，媽媽就看著自己的臉問：「你是不是發生了什麼事？」一聽到這句話，眼淚就再也止不住了。我想每個人應該都有類似上述這些情況的經驗吧！

情緒湧上心頭的時候，如果有人能細心地注意到自己的感受，人就會反射性地流

淚。心中情緒激動難耐的時候，大部分的人都說不太出話來，就連大人都會這樣了，語言發展尚未成熟的孩子自然會更嚴重。平時就不太能用流暢、具有邏輯的方式準確說明自己所處的情況了，在情緒激動的狀態下，就更難把話說清楚了。

請一定要記得，孩子情緒上不安定的時候，他們的心理狀態會退化到更小的時候。孩子小的時候總是會用哭泣來表達自己的需求，而爸媽也總是會提供自己適切的協助。孩子的潛意識記住了當時和爸媽互動的模式，因此他們只要一看到父母，眼淚就會不由自主地流下來。

孩子的眼淚流個不停，面對一直催促自己好好說話的爸媽，孩子卻完全不知道該說什麼才好，這時候的孩子心裡會產生什麼樣的想法呢？他們會覺得自己是沒有用的孩子、讓父母失望的壞孩子，甚至因此而傷到自尊心。有些孩子一想到這世上沒有人能幫助自己，心裡會變得憂鬱，有些孩子甚至會大發脾氣。面對在自己和父母身上感受到的挫折感、自卑感，他們往往會變得更加不安。

如果想聽孩子想說什麼話，了解他們內心的想法的話，請試著握住孩子的手，輕聲告訴孩子：「媽媽已經準備好要聽你說話了，等你冷靜下來後可以告訴媽媽你在想什麼嗎？媽媽會等你的。」看見媽媽溫暖的眼神和態度，孩子會了解到媽媽是真心想聽自己說話，原本激動的情緒也會慢慢冷靜下來。在這樣的氣氛下，孩子才有勇氣在冷靜下來之後，好好將自己想說的話告訴媽媽。

打造孩子的心02

請在說話的時候多體諒一下比較敏感的孩子

不能夠指責總是看人眼色的孩子嗎？

身為一名媽媽，最大的希望大概就是孩子能夠活得自在，盡情地為實現自己的夢想而努力，好好享受這個世界的一切，但孩子卻說出了一些像下面的例子一樣，感覺總是在看他人眼色的話。聽到孩子說出這類的話時，我心裡會不由得感到內疚，開始反思自己的行為，想著：「是我害他變成這樣的嗎？」、「是因為我最近太兇了，孩子才開始看我眼色的嗎？」、「因為跟老公吵架，表情有點難看，孩子是不是注意到了呢？」整個人陷入深深的苦惱之中。

「媽媽，妳還好嗎？」

「媽媽，我表現得好嗎？」

「媽媽，妳愛我嗎？」
「媽媽，妳不喜歡我嗎？」
「媽媽，妳討厭我嗎？」
「媽媽，妳在生氣嗎？」

雖然跟不會看他人眼色的人比起來，懂得看人眼色還是比較好一些。不懂看他人的眼色，不分時間場合，什麼事都要湊一腳。在完全不經過思考的情況下，想說什麼話就說，想做什麼事就做，這樣的孩子很有可能會讓他人感到不快。如果做事情的時候完全不考慮別人的立場，就很難與他人維持良好的關係。相反地，懂得看人眼色的孩子大多做事都很小心翼翼，無論做什麼事都會先考慮現實的情況和他人的立場，並調整自己將說出口的話與自身的行動。這樣的孩子因為不會帶給別人麻煩，所以幾乎不會從他人那聽到負面的評價。如果從人際關係的角度來看，懂得看人眼色的孩子占了很大的優勢。

但如果今天是站在一名母親的角度來看這件事，看著過度看他人眼色的孩子，媽媽的心裡難免會感到不舒服。因為孩子如果太過看他人的眼色，多半是因為對自己沒有什麼自信，媽媽會擔心孩子會不會長成一個自尊感過低，或總是被人傷害的人。個性相對比較膽小、懦弱的孩子總會給人容易吃悶虧的感覺，這樣的現實也讓媽媽變得更加心疼孩子。

在經常看人眼色的孩子之中，有部分的孩子偶爾會責怪自己，養成「我必須要配合別人，如果無法配合別人就是我的問題」或是「反正他人的意見比我的意見更正確」等錯誤的觀念。如果遇到這樣的狀況，就無法排除孩子患上**好孩子症候群**（壓抑自己心中負面的情緒或需求、渴望，努力想在他人面前展現自己善良的一面）的可能性。在需要做出某些決定的場合上，這類型的人如果依然在看他人的眼色，遲遲無法做出選擇的話，這樣的行為反倒會讓周圍的人感到煩躁，又或者是影響到工作的進度，造成更大的不便。

在社會上生活，適當配合他人是每一個人都應該要具備的積極社交態度與技巧，但如果過度地在意他人的想法，總是委屈自己去迎合他人，一直壓抑著自己的需求和渴望的話，未來的某一天勢必會爆發。爸媽們應該要學會如何分辨何謂「適當地看人眼色」和「過度地看人眼色」，就不同的情況給予孩子幫助。

看人眼色是孩子發展出社會性的證據

那麼孩子究竟為什麼會看人眼色呢？首先，我先整理一下孩子會在什麼情況下，因為什麼樣的理由開始學會看人眼色。

第一種情況，父母的脾氣比較暴躁，情緒起伏很大，行為難以預測。在養育孩子的過程中，總是展現出說詞前後不一或自我矛盾的模樣。因為不知道父母什麼時候會突然生氣，孩子也只能一直看他們的眼色。

第二種情況，父母平時的表情影響非常大。爸媽生氣的時候，孩子理所當然會看眼色，但其實爸媽面無表情的時候，孩子也會不停地看父母的眼色。因為無法理解爸媽的表情代表什麼意思，孩子只能透過看爸媽的眼色試圖了解情況。

第三種情況，如果父母三不五時就生病、看起來很虛弱、不幸福的話，孩子也會看眼色。孩子們最害怕的就是被拋棄，在這種情形下，被丟下的恐懼會籠罩他們，孩子會開始擔心如果爸媽不在的話，自己一個人該怎麼辦。心中的這股不安讓孩子會不由自主地看爸媽的眼色，問著：「你還好嗎？」

第四種情況，當被愛、被關懷和被認可的需求無法被滿足時，孩子就會不停地問著：「媽媽，妳愛我嗎？」、「爸爸，我表現得好嗎？」等問題，想要確認自己是否有資格被愛、被認可。人們談戀愛的時候，也經常能看到同樣的狀況。如果戀人總是以工作很忙為藉口，不常跟自己見面，也不常打電話的話，被冷落的那一方自然會開始懷疑對方是不是變心了。這時候為了想確認對方的心意，就經常會問：「親愛的，你真的愛我嗎？」這跟孩子向父母確認愛意的行為是一脈相通的。

請幫助孩子成為能夠適當地察言觀色，同時能好好表達自己意見的人

為了要幫助孩子成為一個能夠適當地察言觀色，並能明確表達自己意見的人，爸媽們應該要怎麼做才好呢？只要仔細思考背後的原因，就能很快地找到方法。

首先，不要指責容易怯場和看人眼色的孩子。對著孩子說一些像是「你為什麼要看別人的眼色？」、「只要把你的想法說清楚就好了，為什麼你就是做不到呢？」或是拿孩子跟別人做比較，質問孩子：「別人家的小孩就不會這樣，你到底是怎麼回事？」這類的話語只會讓孩子變得更畏畏縮縮，對事情不會有任何幫助。懂得看人眼色這件事同時也代表了孩子很細心，他們懂得觀察他人的情緒變化，同時比較懂得體諒他人。爸媽們必須要認可這些優點，並好好向孩子說明自己身為父母所感到擔心的事情。

第二，必須要多對孩子展露笑顏。爸媽們必須要表現出正面、積極的生活態度，讓孩子對父母產生信賴。各位聽說過**麥拉賓法則**嗎？這是由美國心理學家艾伯特．麥拉賓提出的一種溝通法則。艾伯特．麥拉賓認為在人與人的對話之中，語言所占的比例約為百分之七左右，剩下的百分之九十三則是對話時的態度、聲音及表情等要素。就算媽媽嘴上說著：「媽媽很幸福喔！」、「媽媽很愛你喔！」但臉上並沒有任何表情，或是

看起來並不幸福的話，孩子就無法相信媽媽所說的話。

這個法則的道理其實和許多父母教育專家常說的「只有父母感到幸福，孩子才能幸福」是一脈相承的。如果爸媽看起來總是很開心，以正面的態度過生活，孩子自然不用問父母快不快樂，也不用看父母的眼色，他們的心裡自然會產生「爸爸媽媽看起來很幸福，生活很幸福」的想法。

第三，在孩子開口確認之前，充分地給予、表達自己對孩子的愛意。請記得多運用各種肢體接觸、充滿愛意的眼神、溫暖的態度、溫柔的語氣，時刻向孩子表達自己對他的愛。父母愛自己的孩子雖然是一件理所當然的事，但問題是孩子是否也如此相信，且真實地感受到爸媽的愛。請各位一定要記得，如果孩子感覺不到這份理所當然的愛，心裡為此產生懷疑與不安時，他們的心靈會因此受到非常大的傷害。

對孩子來說，父母的愛是像白飯一樣的存在。就好比人每天要吃三餐才能活下去一樣，孩子如果無法得到應該吸收的養分，換言之就是爸媽應該給予的愛意，就無法生存下去。媽媽們談戀愛的時候應該也有過類似的經驗吧？當各位問另一半：「親愛的，你愛我嗎？」或是「你真的愛我嗎？」的時候，一定是因為心裡為了某件事感到受傷，又或者是感覺不到充分的愛意，才會這麼問的對吧？

不要只在孩子有良好表現的時候才稱讚他們，要學會對孩子的存在本身感到感激、認同孩子真實的面貌。要讓孩子感覺到就算沒有什麼特別的事情，光是和他們待在一起，你就會打從心底感到幸福，這同時也是打造孩子的心的第一步。如果父母能夠時時刻刻向孩子表達自己的愛意，就能幫助孩子成為一個充滿自信的人。

育兒秘訣

如果發現孩子總是看他人眼色，請試著用更多不同的方式表達愛意。

「你知道你是多麼珍貴的人嗎？」

「媽媽真的很感謝上帝能把你送到我身邊來。」

「光是此時此刻能夠碰到你，聞到你身上的香氣，能夠和你一起創造回憶，媽媽就感到非常幸福了。」

要不要試著對總是在觀察父母情緒的孩子這麼說呢？

「看著別人的眼睛，觀察別人的內心，並不是一件每個人都做得到的事，如果還要滿足別人的需求的話，就更困難了。有一件事讓媽媽有點擔心，我害怕我的寶貝女兒總是在觀察別人的需求，忽略了自己想要什麼，又或者是誤以為迎合別人才是對的。如果事情真的變成這樣就糟糕了，因為如果妳未來無法滿足別人的要求，就會感到疲憊、痛苦，媽媽不希望事情變成這樣。」

打造孩子的心03

請記得專屬於孩子的獨特表達方式

為什麼孩子問話的時候喜歡做比較呢？

這天，一名養育著一對分別為四歲和六歲姊妹的媽媽來到了諮商室，她的身邊跟著大女兒智敏。對於能和媽媽兩個人一起來遊戲治療室，智敏看起來非常開心，她拿出各種玩具，玩得不亦樂乎。在進行美勞遊戲的時候，媽媽開口問了智敏。

媽媽：和媽媽兩個人一起來很開心嗎？

智敏：開心！媽媽呢？

媽媽：媽媽也很開心啊！

智敏：那媽媽比較喜歡智宥（妹妹），還是比較喜歡我？

媽媽：（毫不猶豫地回答）媽媽當然最喜歡智敏啦！智敏難道不知道媽媽最喜歡

妳了嗎？

智敏：（看了一眼媽媽。）

媽媽：妳不喜歡智宥在家嗎？還是要把智宥送回奶奶家，讓她跟奶奶一起生活呢？

智敏：不行，不可以。

只要是有兩個孩子以上的父母，大概都聽過孩子問出這樣的問題吧？「你比較喜歡妹妹，還是比較喜歡我？」面對孩子這令人感到不知所措的問題，各位是怎麼回答的呢？你是否跟智敏的媽媽一樣，為了討老大歡心，回答：「我當然最喜歡你啦！」還是看根據開口問的人是誰，不停改變著答案呢？老么問的時候就說比較喜歡老么，老大問的時候就說比較喜歡老大，又或者是回答「兩個人都一樣喜歡」呢？

孩子為什麼會問這樣的問題，他們想聽到的又是什麼樣的回答呢？

為了理解這個問題背後的原因，我們必須要先了解孩子獨特的表達方式，和他們內心的想法。首先，孩子在想要準確地表達自己的喜歡和愛的時候，傾向使用「比較」的說話方式。舉例來說，為了明確地表達「我愛媽媽」，可能會用類似「我討厭爸爸，只愛媽媽」的說法。孩子在說這句話時真正表達的意思並不是討厭爸爸，而是想要表達自己非常愛媽媽。孩子這種獨特的表達方式偶爾會讓大人們感到手足無措。

四歲的彩伊很喜歡幼兒園，適應能力也很強。有一天，媽媽在放學時間去接彩伊，還帶了要讓彩伊當零食吃的年糕和飲料。彩伊看到媽媽後，興奮地跑過去一把抱住媽媽，接著立刻就發現媽媽帶了年糕。

彩伊：我，年糕。

媽媽：妳要吃年糕嗎？跟老師說再見之後，我們再出去吃。

彩伊：不要，現在。（媽媽拿出一塊年糕給彩伊。）

老師：（拿著彩伊的書包走出來）媽媽買了年糕來啊？彩伊好幸福喔！

彩伊：我討厭老師，我只喜歡媽媽。

媽媽：妳怎麼了？妳不是每天都在模仿老師，說自己很喜歡老師嗎？

平時很喜歡老師，也很聽話的孩子突然說出「我討厭老師，我只喜歡媽媽」的時候，大人們總是無法理解其中的緣由，且對面前的老師感到抱歉又尷尬。有時候甚至會擔心老師是不是在自己不知情的情況下罵了孩子，孩子才會說出這樣的話。如果仔細觀察過後，發現孩子平常看見老師一樣很愛笑，也很喜歡跟著老師，就不用太過擔心了。因為孩子會說出這樣的話並不是因為跟老師的關係不好，而是因為他們想透過比較來表達自己有多喜歡媽媽而已。

對於想要確認自己被愛著的孩子，請表現出對他們的愛

現在我們重新回到兄弟姊妹之間的關係上做探討。孩子之所以會問出「媽媽比較喜歡妹妹，還是比較喜歡我？」是因為孩子對媽媽的愛產生了懷疑，想要確認自己還是被愛著的。舉例來說，因為妹妹生病的關係，媽媽連續好幾天都只顧著抱妹妹、照顧妹妹。和妹妹吵架的時候，媽媽總是只教訓自己。妹妹可以盡情玩自己想玩的玩具，我卻被要求學那些自己討厭的東西。在上述的情況裡，孩子都不禁會懷疑媽媽是否真的愛自己，當孩子認為媽媽並不關心自己的時候，就會為了確認媽媽對自己的愛，問出上面提到的問題。

那麼面對這樣的問題，媽媽應該怎麼回答孩子才是呢？其實只要仔細觀察孩子的心，就能找到答案。

其實每個孩子心中都很害怕自己會被拋棄。如果在面對心裡感到不安的孩子時，給出了「媽媽更喜歡妳」的答案，會有什麼樣的結果呢？孩子這時候心裡會產生「如果妹妹真的被拋棄了怎麼辦？」、「下次會不會變成我被拋棄呢？」等想法，如此一來，孩子心中對於被拋棄的擔憂會因為這樣的回答而無限擴大。

孩子真正想聽到的並不是「我比較喜歡妳」或是「我比較喜歡妹妹」這種二選一

的答案。比起被媽媽選擇過後的喜悅，孩子對於沒有被選擇的那一方會感到非常歉疚，而且還會陷入更深的不安之中，害怕自己下次可能會成為沒有被選中的那一方。各位要切記，孩子喜歡透過比較來強調自己的想法，別被他們這種獨特的表達方式給騙了，孩子問出這樣的問題時，並不是要我們在兩者中選出一個來。

下次孩子又問「媽媽比較喜歡我，還是比較喜歡妹妹」的時候，可以試著這樣回答孩子：「媽媽最近是不是做了什麼讓我的寶貝女兒傷心的事情呢？妳擔心媽媽不愛妳嗎？媽媽真的非常非常愛妳，妳可以不用擔心喔！以後媽媽會更常抱抱妳、親親妳，跟妳說我愛妳的。」既然孩子問這個問題時只是想要確認媽媽的愛，我們回答的時候也只要表達出自己對孩子真切的愛就可以了。

打造孩子的心04

請用言語鼓勵沒有自信的孩子

當孩子說自己做不到的時候，心裡在想些什麼呢？

今年就讀小學一年級的珠熙是一個個性上比較溫吞、害羞的女孩。有一天，珠熙從學校回來後一直靜靜地看著窗外，接著說：「媽媽，我好像不擅長美術。」珠熙平時看起來就比較膽小，沒有什麼自信，總是為此感到擔憂的媽媽立刻為珠熙加油打氣。

「才沒有呢！妳很會畫畫啊！之前妳不是有做卡片給奶奶嗎？奶奶那時候還稱讚妳做得很好呢！」

媽媽的安慰似乎沒有起什麼作用，珠熙大聲地回話。

「不對！我們班的智慧比我更厲害！」

在這個要說擅長什麼、不擅長什麼、對什麼沒有天賦還稍嫌太早的年紀，孩子卻說出類似「我好像不擅長美術」、「我對踢足球沒有自信」、「其他小朋友都很厲害，只有我做不好」的話時，爸媽心裡難免會有些難過。

在這樣的情況下，大多數的父母都會跟珠熙的媽媽一樣，告訴孩子「才不是呢！妳也很棒啊！上次不是也表現得很好嗎？」告訴孩子他們的想法是錯誤的。有些爸媽在聽見孩子這麼說之後會感到有些鬱悶，有些惋惜地說：「為什麼連試都還沒試就說自己做不到，真的有好好嘗試過了嗎？」爸媽們會理所當然地認為不應該指責沒有自信的孩子，所以總是用「只要努力就能做好，要堅持下去」等說法鼓勵孩子，要孩子再次嘗試。

這邊有一個重點，那就是想要和孩子進行心靈相通的溝通，就必須要準確地了解孩子的內心，所謂了解孩子的內心就是「了解孩子內心的真實想法」。遺憾的是上述爸媽們的反應和回答，都不是建立在了解孩子真實想法之上所進行的對話，只能說是為了盡快解決眼前的情況，或者是想改變孩子對自己沒有自信的心態所說出口的話而已。

如果孩子說「我做不到」，表現出沒有自信的樣子時，爸媽應該要仔細尋找孩子這麼說的真正理由和涵義。想要了解孩子真實的想法，就要試著找出孩子的這種想法是從哪裡來的。我想在這裡再次強調，比起孩子說出口的話，我們更應該要學習的是找出藏在他們心中的話。只有站在孩子的高度看事情，才能說是為親子間的對話做好了準備，而這樣的準備有很大的機率能促成成功的對話與溝通。

那麼現在我們就來推測孩子之所以會說出「我做不到」，究竟有什麼樣隱藏的意義，也就是說，是出於什麼樣的心理因素吧！

第一種可能，孩子的腦海裡有一個比較的對象。孩子在和同齡孩子玩耍，或是在學校和他人相處的時候，如果做了一些自己覺得不滿意的舉動，又或者是他們預設的比較對象受到稱讚，孩子就會認為自己做得不好。這是一種想要比競爭對手做得更好，同樣想要得到他人認可與稱讚的欲望。

第二種可能，如果孩子的年紀還小，他們可能會想利用「我做不到」這句話，讓父母或兄弟姊妹等人幫忙做自己該做的事。這是一種想要依賴父母或兄弟姊妹的心態，同時也是一種心理錯覺，他們會認為與自己關係親密的人去做，就跟自己親自去做是一樣的。

第三種可能，那些害怕失敗的孩子，也就是只想展現成功的一面的孩子，在面對自己沒有做過的事情，或者無法確定能否有好的成果的事情時，他們會利用「我做不到」這句話，直接放棄嘗試。

如果很難推測出孩子說「我做不到」的真正原因，其實也可以試著直接詢問孩子。但這時候千萬不能用「為什麼？為什麼做不到？」或是「你是因為不想做才找藉口的吧？」來質問孩子，或是做一些會傷到孩子的推測。在這樣的情況下，孩子非但不會表達出內心真實的想法，反而會變得更加沉默，自信心也會跌到谷底。當你發現自己無法猜出孩子真正的想法時，請留意自己的用詞，真誠地告訴孩子自己是真的想理解他心裡在想些什麼。

想被認同的感受變得強烈，壓力就會跟著減少

在給予孩子回應的時候，所說的話必須要根據孩子內心真正的想法有所變化。舉例來說，孩子心裡面有一個很在意的比較對象，爸媽光是說「不會啊！你做得很好」是無法真正安慰到孩子的。在聽見爸媽這麼說之後，孩子可能還會覺得自己這種消極的想法是錯誤的，覺得爸媽其實是在指責自己不該這麼想。我們應該要給孩子一個機會訴說他們是怎麼產生這種想法的，在孩子傾訴自己的煩惱時，爸媽必須要認真傾聽才是。我們重新再來看一次珠熙的例子吧！

珠熙：媽媽，我好像不擅長美術。

媽媽：（與其馬上回答孩子，不如暫時思考一下，以真摯的態度反問孩子）是不是美術課發生了什麼不開心的事呢？妳是什麼時候有這種想法的呢？

珠熙：老師把我們畫的畫貼在教室後面的布告欄上，智慧的畫被貼在正中間，我的卻貼在最旁邊。

媽媽：妳也希望自己畫的畫能被貼在正中間對吧？

珠熙：對啊！大家都說智慧畫得很好。

媽媽：這樣啊！被貼在正中間的話，大家應該一眼就能看到智慧的畫了。所以沒人看到妳的作品，誇獎妳畫得很好嗎？

珠熙：沒有。

媽媽：怎麼會這樣！真是太可惜了。那麼妳覺得自己這次畫得好嗎？還是比平常差一點呢？

珠熙：這次畫得比平常不好，因為時間不夠，所以我沒畫完就交出去了。

媽媽：原來如此，為什麼時間會不夠呢？

珠熙：因為我想不到該畫什麼。

媽媽：這樣啊！因為是上小學之後第一次上美術課，妳一定很緊張吧！下次我們可以在上美術課之前先看一下上課內容，然後先在家裡想想要畫什麼，這樣上課的時候就可以馬上開始畫畫，不會像這次一樣因為時間不夠畫不完了，妳說對嗎？因為妳現在是一年級，所以還沒有考試，等妳升上二年級、三年級的時候，就必須要考試了，妳知道在學校一年要考幾次試嗎？

珠熙：不知道。

媽媽：每個學期都有期中考、期末考，還有每個月的月考，加起來一年大概有超過十次的考試吧？

珠熙：有這麼多考試嗎？

媽媽：對啊！所以一次沒考好不代表不擅長念書，畢竟剩下的九次可能會考得比這一次更好。所以就算妳這次沒有發揮平常的實力，老師跟同學們也不會光憑這次就覺得妳不擅長美術。更何況美術也不只畫圖不是嗎？之後做美勞的時候，妳也可以展現出自己的能力喔！

父母沒有辦法時時刻刻陪伴著孩子，尤其是當孩子進入學校之後，便開始了正式與父母分開的社會生活。在孩子的生活中，爸媽不知道的事情變多了，也正是因為如此，變得很難猜測孩子的想法和感受。因此，當孩子陷入了煩惱或某些情緒中，爸媽們千萬不能只用自己的想法來思考，而是應該要認真傾聽孩子為什麼會有這樣的情緒，陪伴著孩子一起思考產生這種情緒的原因為何，這樣的情緒是否符合常理，展現出認真傾聽、願意與孩子共同思考的面貌。

當孩子不想做作業的時候，提供他們一些幫助

有些孩子之所以會說出「我做不到」，是因為他們希望爸媽或姊姊等親近的人替自己做作業。當孩子不願意做一些感覺很麻煩的事情，或是困難的作業時，就經常會出現這樣的情況。在父母看來可能是一下子就能完成的作業，但如果做作業的過程看起來

很複雜，又或者是孩子之前從未做過的事情的話，他們經常會直接選擇放棄。

舉例來說，小學低年級經常會有寫童詩，或是製作小心火燭海報等作業。本來就不想做了，如果這時候媽媽還指責自己「為什麼不嘗試看看」的話，孩子心裡就會更加不滿，也會變得更煩躁。這時候最重要的就是要先了解孩子心裡在想什麼，接著積極地幫助孩子完成作業。但在做作業的過程中，必須要訂定一定的界線，不能過度干涉，要給予孩子有自己動手完成作業的機會。在這樣的過程中，我們可以進行下述的這種對話。

媽媽：你是第一次做海報對吧？但這個是你的作業，不是媽媽的作業，所以媽媽只能告訴你該怎麼做。首先，你知道海報是什麼嗎？有看過海報長什麼樣子嗎？

兒子：嗯，老師有給我們看過了。老師說要寫字，還要畫畫。

媽媽：哇！你都知道了呢！那你有想到要在上面寫什麼字，畫些什麼嗎？

兒子：沒有，我想不到。

媽媽：沒有想法的時候，可以找看看別人都是怎麼做的喔！來找找看吧！（和孩子一起在網路上搜尋相關的資料，或是閱讀相關的書籍。）你看這些範例的字數大概都是幾個字呢？上面都寫些什麼呢？

兒子：大概是八個字到十個字，都是在寫要小心火。

媽媽：好，那我們也做一個八個字到十個字的海報吧！（和孩子一同討論海報的內容，決定要寫什麼字，畫什麼樣的圖。）那麼現在要正式開始做海報囉！你希望媽媽幫你什麼呢？

兒子：全部。

媽媽：如果全部都是媽媽做的，就變成媽媽的作品了，不能當作你的作業。你想要媽媽幫你畫圖還是著色呢？

兒子：畫圖。

媽媽：好，那媽媽就幫你一起畫圖。這裡要畫人、火和房子，媽媽幫你畫人，你可以畫火跟房子嗎？

整個過程的重點就是開心。孩子在玩遊戲的時候並不會覺得煩或疲累吧？孩子之所以不願意做作業，是因為他把做作業當成是工作了。如果跟爸媽一起做某件事的過程很愉快的話，就算這件事本身有些困難，孩子也不會認為這是辛苦的事，反倒會把這個過程當作是開心的遊戲時間。也就是說，假如孩子不願意做第一次嘗試的作業，希望父母能代替自己做的時候，父母應該要幫助孩子在做作業的過程中感到愉快。只有這麼做，孩子未來在面對從未做過的事情時，才能夠開心地和父母一起面對新的挑戰，並把做作業當成是有趣的遊戲。

為孩子們加油，讓他們將自己擅長的事做得更好

那些害怕失敗，只想展現成功的一面的孩子，通常都有很多成功的經驗。例如從小學什麼東西都比別人快，記憶力很好，語言發展也比同齡人還要快，經常使用艱難的單字或英語。在桌遊等有分勝敗的遊戲之中常取得勝利，經常被周圍的人稱讚「做得好」、「好厲害」、「了不起」的機率很高。這樣的孩子對「只要我表現得好，大家就會喜歡我」的想法堅信不移，而類似的經驗越多，他們就越不想挑戰那些沒做過，或是感覺自己做不到的遊戲或是作業。

有句話說「稱讚反倒會成為毒藥」，如果孩子表現好的時候，過度地重視成果並給予稱讚，反倒會讓孩子害怕面對新的挑戰，甚至是對失敗感到不安，希望各位都能銘記這一點。

在進行和孩子學習上的相關諮詢時，時不時就會遇到下述這種類型的父母，他們將所有重心都放在孩子做不好的事、表現得不夠完美的事上。假如孩子擅長美術，不擅長在他人面前說話，父母就會把孩子送到辯論補習班、演講補習班。相反地，如果孩子很擅長運動，但不擅長美術，父母就會把他送到美術補習班。

如果孩子什麼都做得很好自然是件好事，但這世界上並沒有完美的人。更何況在

這個年紀，孩子對於自己喜歡什麼、擅長什麼都還搞不清楚，所以比起要求他們什麼事都做到完美，更重要的應該是讓他們將自己喜歡和擅長的事做得更好。

將某件事做好，並不單純只是做得好而已，在把事情做好的背後需要經過反覆的練習，也要花費非常多的時間，「做得很好」是孩子為了做得更好而努力後的成果。在自己喜歡的領域得到認可後，孩子體驗到了被他人認可的喜悅，這樣的孩子有很大的機率會為了在其他的領域得到他人的認可，付出相對應的努力。也就是說，與其花時間讓孩子把做不好的事情做好，不如讓他們把原本擅長的事情做得更好。這樣的方式不但更輕鬆，能夠很快地看到效果，同時也能夠幫助孩子更快地找到自己的優點。

最近的爸媽們非常重視建立孩子的自尊心和自信心，且為此付出了相當多的努力。如果孩子在這時候突然說出「我做不到」，站在爸媽的立場上，心情自然會產生相當大的波動。但即便如此，爸媽們也不能直接否定孩子，對孩子說：「不對，你做得到！」強迫孩子去做他們不想做的事情。我想各位現在應該知道為什麼不能這麼做了吧？了解沒有自信的孩子說出這些話背後的原因後，才能知道該怎麼幫助孩子，將孩子培養成高自尊、對自己有自信、心靈健康且強大的人。

打造孩子的心05

請讓總是憂心忡忡的孩子感到安心

面對連芝麻小事都會感到擔心的孩子，我該如何應對呢？

在養育孩子的過程中，應該都曾聽孩子說過類似「我擔心媽媽會死掉」、「我擔心閃電跟打雷會把我們家打壞」、「如果小偷跑進來我們家該怎麼辦」、「我擔心爸爸出車禍」、「我擔心飛機掉下來」、「一個人的時候，感覺會有鬼出現」的話吧？這些都是孩子對並未發生的事產生的擔憂和不安。

「擔心」本身並不是一件壞事，例如考試就快要到了，出自於對考試結果的不安與擔心，我們會控制自己的行為，努力地為考試做準備。又或者是因為擔心家裡可能會發生火災，便仔細地檢查家中的滅火器、火災警報器、灑水器等消防設備，學習發生火災時該如何應對或是購入火災保險。因為事前的擔心，在實際碰到該情況的時候就不會感到驚慌失措，能夠快速地解決問題。

擔心是每個人都會有的負面情緒，但因為擔心往往伴隨著謹慎、事前準備與緊張感，所以適度的擔心與不安反而能帶來益處。

反之，過度的緊張感和不安則會產生壓力，甚至危害到健康。如果一整天大部分的時間裡都被負面情緒所籠罩，自然會以扭曲的角度看這個世界。過度的擔心會讓人變得畏畏縮縮，產生強迫性的行為。因此，如果孩子經常表現出過度擔心的一面，我們就必須要適時地給予他們關心與適當的幫助。如果發現孩子會過度擔心並未發生的事情的話，請先掌握以下這三個重點。

第一點，這種過度的擔心是從什麼時候開始的？

第二點，孩子會在一天當中的什麼時候表現出過度的擔心，程度如何？

第三點，過度擔心對孩子的生活產生了多大的影響？

請仔細觀察造成孩子不安的原因

先假設孩子開始過度擔心的時間點是發生在媽媽突然開始上班、搬家或是換幼兒園之後。把睡著的孩子留在車子裡，暫時去買個東西的時候，孩子正好醒來，發現自己被獨自留在車子裡，接著開始嚎啕大哭也跟上述的情形一脈相通。孩子在經歷了意料之外的突發時間後開始過度擔心，那麼背後的原因就是源自於對無法預測的情況的恐懼，以及在過往的經驗中並未被解決的不安。

有些媽媽聽到這樣的說法會感到很驚訝，她們會認為「不過我有提前告訴孩子我什麼時候會開始上班啦！」但站在孩子的立場上，就算已經知道媽媽某個時間點會開始上班，也還是有很多他們沒有預料到的情況。平常媽媽都會在身邊為自己準備零食，還會傾聽自己的煩惱，幫助自己解決和朋友之間的爭執。自從媽媽開始上班之後，孩子感受到了媽媽不在身邊的不便，且必須獨自面對和朋友之間的爭執，這樣的改變會讓孩子覺得壓力非常大。那麼另一個例子呢？睡醒後發現自己被留在車子裡，沒辦法出去，但一直待在原地又看不到媽媽，雖然這可能只是一瞬間的事，但孩子當下一定感覺到非常害怕。

因為過去發生過這類意料之外的情況，孩子就會開始擔心未來是否也會發生一樣的事情，這樣的擔心逐漸擴大成為不安。這樣的經歷不管是反覆發生很多次，還是只發生過一次，只要孩子心中的不安沒有完全被消除，他們就總會擔心並未發生的事。在這種情況下，就算媽媽告訴孩子「爸爸開車技術很好，不會出車禍」、「如果小偷進來我們家，警察叔叔會把他抓走」，孩子的這種不安還是有可能會以不同的形式再次出現。畢竟孩子內心不安的根源是源自於過去的經驗，所以只要沒有從根本上解決問題（情緒無法平靜下來），同樣的不安就會不停地改變形態，不斷出現。

即便如此，我們也無法把過去已經發生的事情當作從未發生過。在這種情況下，比起告訴孩子「忘記之前發生的事情吧！為什麼你總是要往不好的方向想，還要為根本沒發生的事而擔心呢？」表達自己能夠理解孩子當時被嚇到的心情，告訴孩子自己會努力防止之後再發生同樣的事情才是明智之舉。

此外，媽媽必須比過去更仔細觀察孩子的情緒，幫助孩子處在平靜的狀態中。為了恢復媽媽和孩子之間破碎的信任，媽媽必須要表現出始終如一的態度。至於這樣的狀態要維持到什麼時候，決定權並不在媽媽身上，最少要做到孩子不再過度擔心，情緒變得穩定為止。

孩子可能會對父母表現出很多不同的擔憂

觀察孩子在一天當中的什麼時候表現出過度的擔心，頻率多高，這樣的過度擔心對孩子的生活產生了多大的影響也非常重要。舉例來說，有些孩子在學校裡沒有什麼大問題，但回家後卻總是和爸媽說一些過度擔心的話。有些孩子在玩自己喜歡的遊戲，或是去喜歡的地方時總是笑得很開心，但只要遇到無聊的事、不想做的事、困難的事就會表現出過度擔心的一面。如果孩子在學校的時候、和朋友玩的時候、做自己喜歡的事情的時候都沒有什麼異樣，唯有面對父母的時候才會說一些過度擔心的言論的話，爸媽們就不需要做出太大的反應，也沒必要和孩子一起陷入無謂的擔心之中。

平時喜歡看 YouTube 影片的獨生女芝珉自從升上小學三年級之後，就經常表達下述的這些不安：「如果我做錯的事被放在節目上播出怎麼辦？」、「如果有人偷拍我怎麼辦？」、「如果媽媽生病，很早就死掉怎麼辦？」芝珉在學校的時候並沒有表現出這種不安，她只會向媽媽表達自己心裡的這些擔憂。

芝珉的媽媽說芝珉原本是個個性開朗，充滿朝氣的孩子，所以她對於女兒這樣的變化感到非常陌生，心裡也不免感到十分擔心。為了了解芝珉和媽媽平時相處時的氣氛和溝通方式，我觀察了她們母女在遊戲中的互動。

第一次進到諮商室的時候，芝珉的臉上寫著「我有很多擔憂」，但當芝珉和媽媽進到遊戲治療室後不到一秒，芝珉的眼睛馬上就亮了起來，並開始摸索新玩具。接下來，芝珉用非常興奮的表情跟媽媽說：「媽媽，我要玩這個，媽媽在旁邊休息吧！」展現出了主導遊戲的一面。

在三十分鐘的遊戲過程中，我發現了兩個特別之處。第一個是芝珉是一個非常渴望能夠得到認可的孩子，第二個則是芝珉的媽媽似乎不希望女兒有任何壓力，只要聽到芝珉說到累或是辛苦，反應就會非常大。

芝珉：（看起來很享受現在在玩的遊戲）如果每天都能這樣玩就太好了。

媽媽：為什麼？上課很累嗎？妳不喜歡上什麼課？

芝珉：沒有啊！我很好，上課沒有很累。不過媽媽，聽說我們學校的操場以前是公墓喔！這樣晚上會出現死人嗎？

媽媽：是誰說的？妳是從哪裡聽來的？那都是騙人的，妳就是太常聽這種話，然後又一直回想才會覺得害怕啊！

媽媽當然希望孩子能夠無憂無慮，過著幸福快樂的生活，但生活在這個世界上，不可能每天都只發生幸福的事，心中只有幸福的感受。媽媽們以前應該也和朋友們一起聽過學校曾經是公墓的傳說吧？在談論鬼故事，面對課業壓力，抱怨媽媽或朋友的時候，心裡多少都會產生擔心和不安的情緒。

「如果每天都能這樣玩就太好了」、「聽說學校的操場以前是公墓」其實都只是孩子日常會說出來的話而已，如果媽媽對這樣的話反應過大的話，未來孩子就會在和媽媽的對話沒有什麼特別的內容時，表現出自己的擔憂和壓力，藉此來引起媽媽的關注。

別對還沒發生的事情所做的擔憂做出反應

生而為人，孩子也和我們一樣會經歷喜怒哀樂，只有和周圍的人分擔內心小小的擔憂，並嘗試著去解決，才能在更大的擔憂產生的時候，有能力一一解決。另外，孩子也應該要親身體驗過度擔心沒有發生的事，只會影響自己的健康和心情，對生活沒有太大的幫助。如果這時父母為了向孩子表達自己理解他的心情，以安慰孩子痛苦的心為由做出過大的反應，很有可能會造成反效果，讓父母和孩子在這個問題上陷得更深。

當孩子遇到難題的時候，我們自然要積極地傾聽，展現出想與孩子共同解決問題的面貌。但如果孩子是對根本沒發生的事情過度地擔心，爸媽應該要以輕描淡寫的態度告訴孩子：「我小時候也跟你一樣擔心這些問題，但其實這些事情並沒有那麼容易發生，所以不用這麼擔心。」此外，這種時候比起讓孩子自己一個人待著，最好讓他和其他人待在一起，幫助孩子度過愉快的時間，或是想辦法將他的心思轉移到其他事物上。

如果孩子不是只在父母面前表現出過度擔心的一面，就連在學校也是如此，且整天都處於悲傷、憂鬱、驚恐或不安的情緒中的話，就必須要多加注意了。如果這樣的狀況持續一個月以上，父母就必須找出根本的原因，並尋求專業人士的幫助。

爸媽們當然都希望自己的寶貝孩子能夠不受到傷害，有著強大的內心。但沒有必要因為在路上摔倒的擦傷，就大驚小怪地跑到醫院去。對小傷口來說，比起醫學上的治療，心靈上的安慰可能更有效。用幾句安慰的話語和 OK 繃進行治療，有時反倒會讓孩子感到更加安心。當然，如果傷口比較大的話，要切記盡快尋求專業人士的幫助，不要讓傷口變得更大，甚至是化膿。

打造孩子的心06

請用寬容的心包容表現出退化行為的孩子

孩子為什麼會做出一些不符合他們年齡的言行呢？

我們剛剛討論了孩子在感到擔心或不安時會說的話，也了解到孩子說的話之中有些其實只是隨口說說而已，父母卻因此感到非常不安。有些孩子在做出**退化行為**時所說的話也同樣會讓爸媽感到不安。大多數的爸媽聽到「退化行為」大概都會想到下列的這些情況：例如已經能夠自己上廁所的孩子，在弟弟出生之後突然開始要求穿尿布、已經學會用杯子喝牛奶的孩子，在開始上學之後要求要用奶瓶，又或者是某天突然做出像幼兒一般的言行。

都已經滿六歲，已經不是三、四歲的幼兒了，卻總是模仿小小孩的聲音說：「我想要回到媽媽的肚子裡」、「我不想去學校，我想繼續待在幼兒園」、「比起跟朋友玩，我更喜歡跟媽媽玩」，聽著孩子的這些話，爸媽心裡開始感到不安。有時候孩子還會把小時候的玩具拿出來玩，告訴爸媽：「我最喜歡這個玩具了。」又或者是做出不符合自己年齡的言行，面對這樣的情形，爸媽有時也會感到生氣。

七歲的建熙快要上小學了，最近他因為幼兒園裡學韓文、寫日記、聽寫等功課，覺得壓力很大。除此之外，建熙要上跆拳道補習班、英語補習班，還要做家教老師安排的功課，因為要做的事情變多，建熙和媽媽的爭執也一下子就變多了。建熙的媽媽認為到六歲為止都沒給他壓力，讓他盡情玩耍，現在是時候該好好為上小學做準備了。但對於每天不間斷的學習，建熙感到非常煩躁。

這樣的生活大概持續了六個月後，建熙經常會說：「我好害怕」、「我不想去學校」、「我不想當哥哥」、「我想要重新回到媽媽的肚子裡」等話。媽媽去丟垃圾的時候，之前明明能自己好好在家照顧弟弟，現在卻總是說一些像是：「媽媽出門感覺就不會再回來了」、「壞人會把媽媽帶走」、「感覺可怕的人會進來家裡」、「一個人待在家感覺會發生火災」等讓人感到不安的話。媽媽試著安慰建熙，為了消除建熙對上小學的恐懼，還帶著他去未來要就讀的小學操場玩耍。但情況非但沒有改善，建熙的退化行為還越來越嚴重，所說的話也越來越具體，建熙的媽媽開始思考是否應該帶他去看兒童精神科。

像建熙這種即將上小學的七歲兒童，所承受的壓力其實遠比我們想像中還要更大。在建熙的例子中，他之前一直過著自由自在、盡情玩耍的生活，到要上小學之前，需要學的東西卻突然增多，難度也增高。原本的生活方式也因為上補習班和各種作業有所改變，當生活的步調變得緊繃，壓力自然會變得非常大。

其實就算沒有這樣的變化，進入小學這件事本身也會對孩子造成相當大的心理壓力。最少在進小學前的一年內，孩子會經常聽到周圍的人說：「去學校要好好聽老師的話」、「去上學要先看得懂韓文字」、「東西都還沒準備好，看來你還沒做好上學的準備啊！」、「小學老師不像幼兒園老師一樣，不會什麼事都幫你做好喔！」其實這些話全都會成為孩子心裡的負擔。

面對陌生、令人感到恐懼的未來，心中自然會產生不安，而我們的心為了保護自己，遠離這種不安，自然會做出退化行為，這其實是一種理所當然的心理防衛機制。舉例來說，重要節日將近，不想要去婆家的媳婦會說：「唉！幹嘛結婚呢？早知道就不要結婚，自己一個人生活就好了。」每個人都不想經歷辛苦、艱難的事情，所以總是會在這種時候懷念起不需要面對這種情況的時期，這是理所當然的。

從另一個角度來看，說不定退化行為是人類在緊繃的日常生活中，試圖享受短暫的休息和自由，尋求生活平衡點的過程。例如，在結束令人精神緊繃的工作回到家後，會對著丈夫或是媽媽撒嬌，想要得到對方的一些關注，這其實也是每個人每天都在發生的退化行為。

大人也會因為受到壓力表現出退化行為

退化行為是每個人生活中都可能會出現的一種自然現象。如果孩子突然不想做平時很擅長的事，或是經常說一些在退化行為下會說的話，就必須要意識到孩子現在的壓力可能很大，並試著去尋找造成孩子壓力的原因。如果用負面的角度去看孩子的退化行為，訓斥、制止孩子的行為，甚至是惡言相向，反倒會讓孩子懷念起小時候就算什麼都不做，也同樣能被人喜愛的時期。因此，在孩子出現退化行為的時候，媽媽不做出過度的反應是非常重要的。

「你看，媽媽說過一次做會很累，要你提前先做了吧？」
「那個玩具是小寶寶在玩的，你怎麼會現在還在玩！」
「學校是你說不想去就能不去的嗎？光是擔心是解決不了問題的。不要說廢話了，快去練習寫字！」

上面的說法就跟各位因為重要節日不想回婆家，忍不住跟娘家媽媽抱怨的時候，媽媽卻回答：「妳看，我就跟妳說結婚沒什麼好的吧！」、「都已經嫁出去了，還能怎麼樣？別廢話了，趕緊回家去準備過節的食物吧！」是一樣的道理。

跟媽媽抱怨的時候，應該沒有哪個女兒想聽到這種充滿嘲諷的話和嘮叨吧？女兒們真正想聽到的話應該是類似「唉！真是辛苦妳了。過節之前妳什麼都不要做，就在娘家多休息幾天再走。要不要媽媽幫妳準備一點煎餅帶去？」這樣的話吧！如果娘家的媽媽能夠體會自己的心情，給予真心的安慰，女兒們大多就會認為自己「應該要讓媽媽看到自己好好生活的一面」，並以正面的態度接受自己所處的情況。就像我們對娘家媽媽的期待一樣，我們的孩子在說出那些話的時候，肯定也是同樣的心情吧？

假如孩子表現出退化行為，說出：「我不想當哥哥」、「我不想上學」等話語，請試著以這樣的方式和孩子對話。

「看來你很擔心要上小學這件事啊！畢竟是從來沒做過的事，一想到就快要面對了，的確會讓人感到不安，也會充滿擔憂。其實媽媽也是這樣，從幼兒園升上小學，從小學升到國中，從國中升到高中，那段時間雖然很興奮，但同時也會感到擔心。媽媽最擔心的就是要和好朋友分開，能不能和新的同學變成好朋友。那麼我的寶貝最擔心的是什麼呢？」

媽媽比孩子先體驗了這個世界，所以能用自己的真實經歷讓孩子知道「原來並不是只有我這樣啊！原來媽媽也有過這樣的時期啊！」了解到這點後，孩子會感到比較安心，也會感到安慰。此外，媽媽誠實地告訴孩子自己過去的經驗，也會讓孩子產生「可以告訴媽媽我心裡真實想法」的念頭，加深兩人之間的親近感。在回應孩子的話時，媽媽應該要問清楚孩子為什麼想當弟弟，為什麼不想去學校的具體原因。因為唯有知道真正的原因，才能夠找出具體的解決方法。

育兒秘訣

如果孩子出現咬指甲或吃手指等口腔期需求未被滿足的退化行為，請這麼做。

1. 先告訴孩子手指頭和指甲裡有細菌。
2. 只要看到孩子在吃手指，就要告訴他們因為衛生緣故必須要去把手擦乾淨。這樣的方式能夠讓父母在不指責孩子的狀況下，讓孩子暫時停止吃手指，同時也能改變當下的氣氛。此外，只要重複這樣的行為，孩子就會下意識地認為「去把手擦乾淨＝不要吃手指」，起到教育孩子的效果。
3. 如果孩子吃手指的原因是因為不安的話，在他們把手擦乾淨之後，父母們可以試著消除孩子的不安（如果是因為快考試了感到焦躁不安，可以試著握住孩子的手）。如果孩子是因為無聊才吃手指的話，爸媽們就可以試著陪孩子一起玩。

4. 如果孩子已經到了能夠對話，且能控制自己行為的年紀，就可以和孩子一起討論為什麼會吃手指、通常都在什麼時候吃手指，以及為了不再吃手指，能夠做出什麼樣的努力。在討論出結果後，爸媽也要不斷地為孩子加油打氣。

打造孩子的心07

孩子鬧脾氣的時候，請花點時間和他對話

孩子無時無刻都在鬧脾氣，問題到底出在哪呢？

告訴孩子因為今天家裡有客人，所以不能邀請朋友來玩，孩子回答：「我討厭媽媽，媽媽都不懂我……」接著自己蜷縮在房間的一個角落哭泣。因為加班的關係，今天比較晚回家，孩子對著我說：「我討厭媽媽！媽媽走開！我才不要給媽媽這個！」接著就跑到奶奶身邊去了。因為沒有立刻找出他想要的玩具，孩子就關上門，走進自己房間說：「不要進來，我想要自己一個人。」吃飯之前不讓他吃餅乾，於是孩子就說：「我不要吃飯了，我要餓肚子！」氣得連飯都不吃。睡覺時間要孩子刷牙，結果他卻說：「我想要媽媽搬去很遠很遠的地方，我要自己一個人生活！」接著把頭蒙在被子裡頭。孩子說要把自己做的勞作丟掉，所以我就丟了，結果他又說：「不管啦！我不要和媽媽說話了！」面對時不時就鬧脾氣的孩子，究竟該怎麼溝通才對呢？

孩子鬧脾氣時所說的話跟做出來的行為可說是五花八門，一天來個數十次都有可能。明明就不是什麼大事，卻不停鬧彆扭，明明是每天都在做的事，今天就不開心了。如果總是搞不清楚孩子為什麼會鬧脾氣，媽媽就會嘆著氣說：「他又來了。」

孩子之所以會鬧脾氣，其實是因為他們渴望對方理解自己的心情。原本想給媽媽看自己做的帥氣作品，結果發現自己的作品不見了，心裡很是傷心。很想要快點看到媽媽，結果媽媽卻很晚才回家，在等待的過程中心裡著急得像熱鍋上的螞蟻。本來想要刷牙的，但因為媽媽用了不好的口氣和自己說話，心裡覺得很不舒服。本來想要玩有趣的遊戲，但怎麼找都找不到玩具，心裡滿是可惜。本來想要在跑步比賽中跑第一名，展現帥氣的樣子給媽媽看，但最後卻輸掉了比賽，心中不免會感到遺憾。就如同上述的情形一樣，其實孩子之所以會鬧脾氣，都是想要爸媽理解自己的心情。

而這種想要對方理解自己心情的表達方式，通常只會用在自己抱有期待、與自己非常親近的人身上，基本上不會見人就這麼做，所以爸媽們可以不用擔心孩子在其他地方也會這樣。媽媽們通常也只會對丈夫、娘家媽媽或極其親近的人鬧彆扭，在面對主管或婆婆的時候就比較不會鬧脾氣，孩子們也是一樣的。

孩子還只會用不成熟的方法表達自己的不開心

爸媽們必須要記住自己的孩子還不是成年人，是個尚未成熟的孩子。每個人都會感受到負面的情緒和正面的情緒，也都需要表達。而孩子的大腦尚處在發育階段，比起理性的判斷，他們更容易出現衝動性的行為。除此之外，對孩子們來說，要用準確的詞語來表達自己的情緒並不容易，這對還不成熟的孩子來說是有一定限制的。因此，當孩子覺得爸媽不懂自己的心情時，就會用鬧脾氣的方式來表達。從這個意義上來說，鬧脾氣其實就是尚未成熟的孩子在用不成熟的方式表達自己的情緒。

孩子鬧脾氣的時候，爸媽們的反應大致上可以分為五種。我會逐一介紹，各位也可以仔細想想自己是屬於哪一種類型的。

第一種類型是轉移注意力，這是很多爸媽會使用的方法。只要覺得孩子好像沒有非常生氣，就會試圖把他們的注意力轉移到其他地方，讓孩子忘記自己在生氣。這種方式看似解決了問題，但那也只是當下而已，爸媽終究還是忽視了孩子生氣的情緒，未來孩子還是有可能會提起這件事。

第二種類型是自己也變得跟孩子一樣，如果仔細說明原因之後，孩子還是很生氣的話，這類型的父母就會說出：「你再這樣的話，爸爸也要生氣了」或是「那媽媽也不要跟你說話了」，做出孩子般的行為。做為已經是個成熟大人的父母，我們不能因為孩子用不成熟的方式表達，就讓自己跟孩子一樣做出不成熟的舉動。這樣的解決方式不會有什麼好的成效，爸媽也無法成為孩子的好榜樣。

第三種類型是責罵。有些爸媽在孩子鬧脾氣的時候會跟著生氣，指責孩子：「是你自己跑一跑摔倒，沒拿到第一名的，為什麼要生我的氣啊！」或是「不要再噘嘴了！你看起來就跟醜小鴨沒兩樣！」孩子原本只是覺得有些不開心而已，如果在這種情況下又被父母訓斥，整個人的情緒也就自然會變得更加低落。

第四種類型是無視，有些父母們會擔心如果自己對孩子鬧脾氣的行為做出反應，他們下次還會這麼做，所以會選擇不回應。但這其實是最糟糕的反應，因為站在孩子的立場來看，他們會以為父母沒有做出反應是因為不知道自己在生氣。這種時候，孩子會做出更加激烈的行為，像是大發脾氣、亂丟東西，或是大吼大叫。

第五種類型是放任，當孩子鬧脾氣說「我不要吃飯」的時候，媽媽回他「好，那就不要吃啊！」或者是當孩子說「我想一個人待著，媽媽出去」的時候，真的就丟下孩子自己一個人，獨自離開。孩子原本就很難過了，這時候媽媽又丟下因為負面情緒感到痛苦的孩子，負面情緒加上孤獨感可能會讓孩子更加不安。比起發生好事的時候，發生壞事的時候，渴望能陪伴自己的那個人不在身邊，感覺會更加難過。孩子也是一樣，比起正面的情緒，當自己被負面情緒籠罩時，更希望媽媽能夠在身邊陪伴自己。

最重要的是，以上這五種反應都不是孩子所期待的反應。鬧脾氣的時候說的話和行為，全都是孩子希望對方了解自己心情的表達方式，既然如此，父母的理解才是最重要的。

不要因為孩子鬧脾氣就責怪他，或是過度催促他

父母不能假裝不知道孩子的心情，選擇無視他。不用針對孩子的情緒指責他，也不用催促孩子盡快恢復原本的狀態，爸媽所要做的就是表達自己知道孩子心裡不好受。孩子鬧脾氣的行為裡隱藏著真正的情緒，裡頭是對父母的失望。真正的溝通始於不光看表面表現出來的樣子，而是更進一步去觀察內在情緒，了解對方的內心。

舉例來說，媽媽可以說：「你是不是因為媽媽說吃飯前不能吃餅乾在生氣呢？你明明就知道，媽媽還硬是要跟你說，是不是讓你很不開心呢？還有，媽媽的口氣應該要好一點才對，剛剛的口氣太差了，所以讓你聽了很難過對吧？但如果我的寶貝兒子不吃飯的話，媽媽也吃不下，該怎麼辦才好呢？」透過這樣的方式讓孩子了解到媽媽知道他生氣的理由，接著和孩子一起想辦法恢復心情，最後再找出彼此都能接受的解決方法。

父母不可能完全了解孩子的真實想法，有時候是因為沒有跟孩子在一起，所以搞不清楚狀況，不過也有的時候是就算在一起，還是不知道孩子為什麼會鬧脾氣，這種時

候，我們其實可以試著直接開口問孩子。假如孩子因為還在生氣，躲在窗簾後面不肯出來的話，可以試著這麼說：

「媽媽想要看到我漂亮女兒的臉蛋呢！看不到臉的話，媽媽就看不到妳的表情了。如果看不到妳的表情，媽媽也就看不出妳心裡在想什麼了，先出來再說好嗎？」

說完之後給孩子一點時間，靜靜地等待。但就算孩子真的願意走出來了，對他們來說，好好地說明前因後果是一件很困難的事，這時候媽媽應該要拋出一些具體的問題，問清楚孩子內心真正的想法。

「我的寶貝女兒現在心情如何呢？是傷心？是生氣？還是覺得很辛苦呢？要了解妳的想法，媽媽才能夠幫妳的忙啊！媽媽真的很好奇妳的想法呢！」

拿掉催促的口氣，好好地詢問孩子心裡在想些什麼。一旦孩子感覺到媽媽很尊重自己的情緒時，情緒就會緩和下來。其實媽媽說不定早就知道孩子在想什麼了，只要看到孩子的表情，聽到孩子的呼吸聲就能知道，這是專屬於媽媽的直覺。但很多時候，媽媽們為了避免看到孩子生氣的樣子，只是著急地想扭轉情況，而不去嘗試了解孩子的真實想法。

當孩子鬧脾氣，做出負面的言行時，同時也是一個教導孩子讀懂他人情緒，以及如何針對不同情況解決問題的好機會。這種生活中的智慧比書中所寫的知識和常識更加重要。如果父母能夠和孩子就發生爭執的情況進行更深入的對話，找出雙方都能夠接受的解決方式，並試圖進行情緒指導型的對話方式，不僅能夠提升孩子的社會性及情緒發展，還能提升其語言及解決問題的能力。

打造孩子的心08

請不要責怪選擇放棄的孩子

要怎麼做才能改變總是輕易說放棄的孩子呢？

剛上小學一年級的允熙和允浩是一對雙胞胎姊弟，姊姊允熙很喜歡看書，不僅常識比一般同齡人還要多，語言和認知發展也比較快。弟弟允浩則缺乏專注力，目前就連韓文字都還沒學好，不管做什麼事都很容易放棄，也是因為如此，媽媽的注意力都在允浩身上。

有一天，允浩看見班上的同學在學跆拳道，於是他告訴媽媽自己也想要去學跆拳道。

媽媽：一旦開始學就要堅持到底，你可以嗎？

允浩：嗯！因為是跟朋友一起學，所以我可以一直學下去。

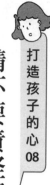

允浩的媽媽一直希望他能夠找到自己喜歡的，或是擅長的事，所以當允浩自己提出想要學跆拳道的時候，媽媽為此感到非常高興。雖然心裡同時也在擔心這次會不會也一下子就放棄了，但畢竟是允浩自己說想學的，允浩媽媽還是決定相信兒子，讓他去學看看。

接下來的一週，感覺允浩學得很開心。但到了第三週，只要去上跆拳道課，允浩回家就會鬧脾氣，不停地抱怨：「跆拳道課很累，一點都不好玩。」

允浩：我可不可以不要再上跆拳道課了。我不想學了，好無聊。

媽媽：媽媽不是跟你說一旦開始學就要堅持到底嗎？是你自己說要學的，現在又不想學了？

美術課、游泳課、英語課，每一樣都是上沒多久就不上了，允浩媽媽還想著至少這次想讓他好好學。現在這個情況讓允浩媽媽陷入了苦惱，她不知道是要逼兒子繼續做他不喜歡的事，還是就順著他的意別讓他學了。

父母們很清楚忍耐、努力和反覆練習的重要性，所以當孩子開始某件事，卻無法堅持到最後，總是表現出輕易放棄的樣子時，自然會感到失望。當這樣的情況反覆發生，父母的擔憂會演變成嘆息，除了對孩子感到失望之外，還會催促孩子，或時不時就唸孩子幾句。

一般而言，孩子輕言說放棄的情況和理由大概有以下這幾項。

第一，如果必須要做超出自己能力範圍的事情，就會因為沒有興趣或感到無趣而輕易放棄。

第二，有些孩子天生就害怕陌生的事物，這類型的孩子可能會在開始新的挑戰之前就先放棄了。

第三，當對他人的評價非常敏感，或者無法忍受自己在競爭之中輸給他人的孩子覺得自己可能會輸，就會直接拒絕挑戰，試圖放棄。

第四，如果對自己要做的事沒有充分了解，抱著巨大的期待開始的話，孩子就很容易放棄。舉例來說，如果孩子想要學鋼琴，不能隔天就把他送到鋼琴補習班去，因為孩子滿心期待想成為一名帥氣的鋼琴家，完全沒有預期自己到補習班之後必須不斷重複手指練習與無趣的按鍵盤練習，在這樣的情況下，孩子很快就會感到厭倦。

第五，因為平時父母給予孩子太多幫助，導致孩子獨自完成某件事的經驗不足。這類型的孩子會覺得獨立思考和獨自承受的過程很簡單，因此很容易就會放棄。

除此之外，在那些不是因為孩子自己想學，而是由父母單方面強迫孩子學習的事情上，感到憂鬱、無力、煩躁的孩子也會很容易就放棄。

在某種程度上，爸媽們必須要承認兒童期即是反覆挑戰與放棄的時期。如果說這時期開始的每一件事都必須要堅持到最後，便會超過孩子能夠負荷的範圍。與大人們不同，這個時期的孩子還在了解這個世界，無論是什麼事都能輕鬆地開始，也可以不經過苦惱就放棄。此外，因為孩子還不知道自己喜歡什麼、討厭什麼、擅長什麼，為了掌握自己的天賦和能力，勢必要經歷許多碰撞，在這個過程中，自然會有許多中途放棄的事情。

在反覆的挑戰和放棄之中能發現真正的才能

但這並不代表我們能對孩子輕易開始，又輕言放棄的行為坐視不管，這種一再重複的行為可能會成為一種習慣，所以爸媽們必須要注意以下的事項，給予孩子適當的幫助。

第一點，與其要說進入小學就讀之前的幼兒期是培養孩子能力的時期，不如說是形成態度的時期，這一點請各位一定要銘記在心。同時，這個時期的挑戰不能依照父母的判斷做挑選，例如：「還是會彈一點鋼琴比較好」、「男生應該要學跆拳道，才能夠保護自己的身體」，或是「英語教育要趁早，這樣之後學起來才不會太辛苦」等。源自於父母意願的挑戰很容易讓孩子形成輕易說放棄的習慣，就算不是什麼大事，也請一定要鼓勵、支持孩子所想要做的事情。

第二點，比起過於困難的挑戰，請給予孩子比他現在的能力稍微再高一點點的課題就好。對於孩子來說，比起「完成了非常困難的事」，「我獨自完成了」這件事更加重要。請讓孩子體驗看看獨自完成一件事的喜悅及成就感。

第三點，當孩子表現出想要放棄的樣子時，爸媽的態度非常重要。不要立刻拒絕孩子，說：「不行，一旦做了就要堅持到底。」也不要順著孩子說：「好，不想做就不要做。」比起允許和不允許，父母該做的應該是深入了解孩子放棄的原因是什麼。了解具體的原因，幫助孩子解決過程中所遇到的問題才是最重要的。

例如一開始是允浩自己想要學跆拳道的，但後來又改變了想法，不想再繼續學了。仔細了解背後的理由之後才發現，第一週因為才剛開始學，也是適應期，所以教練給了許多幫助，這段期間覺得上課很有趣。但後來允浩就發現自己的身材矮小，發育比別人慢，漸漸地跟不上同齡人的腳步。允浩說自己不是因為討厭跆拳道才不想學的，只是不想做自己總是做不好的事。允浩也很想得到稱讚，但事情沒有他想像中的那麼順利，不過要將這些全用言語表達出來，對允浩來說實在是太困難了，因此他也只能跟媽媽說：「我不想再學跆拳道了！」

父母當然很難知道孩子所有的經歷和感受，但從孩子的立場來看，爸媽在根本不了解自己情況的前提下，就直接用一句「不行，一旦開始就要堅持到底」拒絕了自己，孩子會怎麼想呢？除了對不懂自己內心的父母感到失望之外，因為不知道該如何克服艱難的情況，只能勉強自己堅持下去。因此，與其直接告訴孩子一定要做某件事，或是不要做某件事，不如試著詳細地了解孩子經歷了什麼樣的挫折，為什麼會想放棄，並針對孩子放棄的原因給予適切的幫助。

最後，培養孩子耐心最好的方式就是父母的以身作則，父母必須先表現出為某件事而忍耐、堅持的樣子。孩子會看父母的行為舉止、選擇和判斷，同時也會看他們生活的方式並效仿。如果爸媽展露出來的不是朝著夢想前進，不斷挑戰，且一步一步實現的樣子，而是總是與現實妥協、不停抱怨的模樣，孩子的生活態度也會是如此。反過來，如果爸媽能在很小的事情上也選擇挑戰，總是盡自己最大的努力去嘗試，孩子就會從父母身上學到生活的方式。

不管最後是放棄還是不放棄，根據在過程中的感受，孩子的心也會成長成不同的模樣。

想培養出高自尊的孩子，爸媽該說什麼樣的話

- 情緒不穩定的時候，孩子的心理會退化到更年幼的時期。此時如果想要知道孩子心裡在想什麼，就試著用沉穩的聲音告訴他們：「媽媽已經準備好要聽你說話了，等你冷靜一點，就告訴媽媽好嗎？媽媽會等你的。」
- 千萬不能指責容易畏畏縮縮，總是看人臉色的孩子。懂得看人臉色其實另一方面也代表孩子的個性很細心，懂得照顧他人的感受。但除了認可孩子這個優點之外，身為父母，最重要的是要用簡單易懂的方式，向孩子解釋自己之所以會為此感到憂心的原因。
- 孩子在想要準確地表達「喜歡和愛」的時候，經常會用做比較的方式來表達。請不要被孩子這種透過比較來強調某件事的獨特表達方式給騙了，他們並不是要大人們從兩者之中選擇其中一個答案。

● 對一名即將上小學的七歲兒童來說，他們所受的壓力其實比我們想像中還要大。面對陌生又令人恐懼的未來，他們的心裡會感受到強烈的不安，為了保護自己的心靈而表現出退化行為，其實說不定是一種非常自然的防衛機制。

● 當孩子鬧脾氣的時候，其實就代表他們想要別人理解自己心裡在想些什麼。這時候請不要斥責孩子鬧脾氣這件事，也不要一直催促他別再生氣，最好的處理方式就是爸媽們要表現出自己理解孩子難過的心情。

● 孩子是透過反覆的挑戰與放棄，才能知道自己在哪方面有天賦。所以我們應該要具體掌握孩子們受到了什麼樣的挫折，為什麼會想放棄，並就該緣由做出相應的協助。

為了爸媽開設的說話課 3

想培養出
懂得調適情緒的孩子，
爸媽該說什麼樣的話

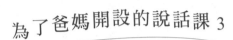

打造孩子的心09

請對經常耍賴的孩子定下規定

如果孩子耍賴的情形很嚴重，該如何管教呢？

將年幼、尚不成熟的孩子養育成一名成熟的社會人，可以說是世界上最有意義、最偉大的事情了。父母身處在這個漫長的過程中，一步一步地完成每一個步驟，但如果在沒有做好心理準備，或是欠缺養育相關知識的情形下養孩子，養育的過程就不可能只有開心和幸福的事。孩子的確是個美好、可愛的存在，但光是疼愛他們不是好的養育方式，因此養育孩子的過程不可能總是幸福的。

原本只要負責自己一個人的成人在成為父母之後，隨之而來的是巨大的責任。在養育孩子的過程中，沒有人會一直在身邊告訴爸媽們該怎麼做，因為不知道養育孩子的方法，父母們心中會產生不安，擔心自己是否做錯了，每天都會自責數十次，不斷思考著「我真的有資格當人家的父母嗎？」

更令人難過的是，在養育孩子的過程中，自身的不足會變得更加明顯。當爸媽之前明明是優點，在開始養育孩子之後卻變成了缺點。有時候也會因為孩子，必須經歷改變自己過去二、三十年來的個性、說話的口氣和表情的痛苦過程。

舉例來說，結婚前做為某人的女兒、某人可愛的愛人、某人職場的同事或前後輩生活時，比起自己的意見，我更傾向於傾聽別人的話，這樣的特質曾經是我的優點，我內向、安靜的個性也受到周遭人的認可。但成為媽媽之後，因為個性的關係，大部分的情形下都會滿足孩子的要求，這讓我成了一個看起來十分懦弱的媽媽。孩子會聽老師的話，唯獨我的話就是不聽。個性沉穩且文靜，不擅於拒絕他人的東夏媽媽就是一個典型的例子。

東夏出生的時候體重只有二點七公斤，體型非常瘦小。東夏不太吃副食品，是一個一旦開始哭就很難哄的高需求寶寶。現在都長到四歲了，東夏依然比同齡的孩子還要瘦小。不僅如此，隨著年齡增長，東夏耍賴的情形變得越來越嚴重，這讓他的媽媽十分擔心。

只要去超市，東夏就會吵著要買冰淇淋，但因為不能把東夏一個人留在家裡，媽媽還是只能帶著東夏一起去超市。今天原本想快速買好晚餐的食材就走的，但東夏還是跟往常一樣，吵著要買冰淇淋。一旦買了冰淇淋，東夏就會馬上吃，這麼一來晚餐就會吃得很少。問題是，晚餐沒什麼吃的東夏總會在凌晨兩、三點起床，再次跟自己討冰淇淋吃，東夏在半夢半醒間吃完冰淇淋後並不會去刷牙，就這樣再次進入夢鄉。

同樣的情形持續了一個多月，東夏因為蛀牙接受了根管治療，之後也要持續治療蛀牙。東夏的媽媽個性謹慎，不懂得拒絕別人，她意識到兒子才四歲而已，似乎就已經比她更強勢了，不禁開始擔心未來該怎麼辦。

在為東夏媽媽進行諮商的時候，我心裡總覺得悶悶的。面對耍賴情形這麼嚴重的孩子，媽媽該有多無力呢？東夏媽媽大概會覺得自己很無能，擔心自己是不是太過於慣著孩子，沒有將他教育好，心裡充滿了不安。她甚至會想，如果自己一開始就不給孩子吃冰淇淋就好了，都是因為自己讓孩子吃了冰淇淋，孩子才會蛀牙，並接受根管治療，整個人被巨大的罪惡感所籠罩。

一次只訂定一個新規定

每一個孩子都會耍賴，如果孩子從來都沒有耍賴過，問題才更大。這是因為如果父母過於強勢，孩子就無法如實說出自己的感受，更別說是耍賴了。相反地，在父母過於放任的情形下，孩子根本就不需要耍賴。

孩子會耍賴代表他開始懂得表達自己的意思，也開始有自己的主張，但因為還不懂得何謂正確的行為、何謂錯誤的行為，所以只能耍賴。在這個問題上，重點是父母在孩子耍賴的時候，以什麼樣的標準幫助孩子調整他的行為。也就是說，孩子耍賴的問題和父母管教的方式其實是息息相關的。

沿用東夏媽媽的例子，我們來仔細地談談如何控制孩子耍賴的行為吧！爸媽對於年幼的子女來說，不僅僅是照顧自己、愛護自己的養育者而已。

孩子除了缺乏「正確生活」的經驗之外，因為孩子會根據本能衝動行事，所以父母不能夠放任不管，認為「看起來沒什麼大礙就是沒問題」。爸媽是管教孩子的主體，必須在教育孩子的過程中好好活用自己個性上的優點，並學習正確養育孩子應有的態度和必須扮演的角色。

父母所要扮演的重要角色之一就是管教者，為了讓管教發揮最大的效果，必須要了解管教的正確意義和時機，以及基本態度。所謂管教，就是讓孩子了解什麼事可以做，什麼事不能做，並幫助他們在生活中實踐。有些爸媽們會說：「是誰不聽話！不聽話的就是壞孩子。」會說出這樣的話的人並沒有真正了解**管教的意義**，他們誤以為管教的意義在於「讓孩子遵從父母的指示」。孩子在幼兒時期可能會聽爸媽的話，但隨著年齡增長，孩子可能會產生反抗心理，想做一些爸媽不讓自己做的事，最終還是沒能達成有效的管教。

和管教的意義一樣，敏銳地察覺**管教時機**也非常重要。兩歲左右的孩子已經聽得懂大人所說的話了，如果在這個年紀，他們在相同的情況下重複兩到三次以上耍賴的行為的話，就代表父母們需要為孩子制定規定了。舉例來說，孩子已經連續兩、三天都吵著要在早餐、午餐和晚餐之前吃冰淇淋，那麼現在就正好是和孩子一起訂定吃冰淇淋規定的時機。

但也不能因為意識到管教的時機到了，就斷然拒絕孩子的請求，突然告訴孩子：「不可以，從今天開始你只能吃一支，等一下吃完午餐才可以吃。」最好的做法是先跟往常一樣拿出冰淇淋，接著再和孩子談訂定規定的事。畢竟依據昨天的經驗，孩子本就期待著媽媽會給自己冰淇淋，如果今天突然不給他的話，孩子會非常生氣。在孩子有所不滿的狀態下，是無法透過協商制定規定的。所以媽媽最好還是按照先前的模式，先拿出冰淇淋，再告訴孩子新的規定。

媽媽：（手拿冰淇淋）我會給你冰淇淋，但你要稍微等一下，先跟媽媽做個約定之後再吃。媽媽發現最近你每天飯前都要吃冰淇淋，但吃太多冰淇淋的話肚子會很痛，也會蛀牙，所以不能吃這麼多。從現在開始每天只能吃一支冰淇淋，可以嗎？（一般而言，孩子會因為現在能夠吃到冰淇淋感到開心，很輕易地就答應了這個提議。）那麼你現在吃的話，今天中午和晚上就不能吃，明天才可以再吃，沒問題吧？

這裡有一個必須記住的重點，那就是一次只訂定一個新規定。舉例來說，孩子原本是三餐飯前都要吃冰淇淋，現在要從吃三次改成吃一次就很不容易了，如果還不能像之前一樣在飯前吃，只能等到吃飽飯後再吃的話，等同於是在要求孩子要遵守兩個規定。同時遵守兩個規定對孩子來說是件很吃力的事，所以在訂定規定的時候，記得要先試想自己所訂下的規定是否在孩子有能力遵守的範圍內。

制定了新的規定之後，最重要的就是要讓孩子遵守這個規定，周圍的人要幫助孩子遵守規定，同時也要在孩子遵守規定的時候給予讚美。舉例來說，孩子因為早上已經吃了一支冰淇淋，今天不能再吃了，那麼媽媽、爸爸和姊姊都不應該吃冰淇淋。爸爸下班的時候也不能買冰淇淋回家，避免對孩子產生誘惑。此外，為了不讓孩子在習慣要吃冰淇淋的午餐和晚餐時間又想起冰淇淋，最好給他們比吃冰淇淋更好的補償。如果能在那段時間陪孩子開心地玩耍，孩子就能更輕鬆地忍下想吃冰淇淋的欲望。也別忘了每天都要給遵守約定的孩子鼓勵，為他們加油打氣。

外出的時候要詳細跟孩子說明出門的理由和目的

如果孩子每次到超市，都會吵著要買玩具的話，請確認自己有沒有做到以下這幾點。

第一點，對媽媽來說「超市＝買菜」，但我們必須確認對孩子來說是不是「超市＝玩具」，如果孩子真的是抱持著「超市＝玩具」想法出門的話，到超市之後就很難不買玩具了，因此在去超市之前，我們要事先告訴孩子這次去超市的理由和目的。為了減少孩子耍賴的頻率，必須提前讓孩子知道媽媽到超市會做些什麼事。

第二點，思考一下自己之前是否有和孩子一起定下什麼時候能買玩具的規定，例如兒童節、生日、聖誕節等特別的日子，又或者是發薪水的日子。如果對於什麼時候能夠買玩具沒有具體的規定，媽媽想送的時候就送，孩子想買就買的話，孩子耍賴的行為可能會變得越來越嚴重。

第三點，為了能夠有效地管教孩子，媽媽必須經常讓孩子看見自己笑容滿面、和藹可親的樣子。平時媽媽臉上的微笑對孩子來說是「可以繼續這麼做」的信號，相反地，如果媽媽面無表情，就是要求孩子「停止錯誤行為」的信號。

舉個例子，先假設今天是不能在超市裡買玩具的日子，孩子明明知道這點，卻還是吵著要買玩具的時候，媽媽可以收起平時的笑容，用堅定的眼神靜靜地看著孩子的眼睛兩到三秒。孩子在看到媽媽嚴肅的表情後，就自然會意識到「我不能再繼續耍賴了」、「看來繼續吵也沒有用」。但如果平時媽媽不常笑，總是面無表情的話，就必須要透過大聲訓斥的方式，才能讓孩子知道自己生氣了。如果媽媽平時就總是大吼大叫的話，就只有動手體罰孩子的時候，才能讓孩子意識到耍賴的行為是不對的了。

面對惹人憐愛的孩子，我們偶爾還是必須表現出堅決的態度。不能因為孩子可愛就什麼願望都答應，孩子一撒嬌就什麼都買給他，一感到心疼就什麼都說好，也不能見孩子耍賴就容許他的所有行為。我們應該要學的不是可怕的態度，而是堅定的態度，且必須持續地在生活中練習。

打造孩子的心10

確認孩子情緒程度的問題十分重要

如何調整孩子的負面情緒？

各位小時候有聽過這樣的話嗎？

「不過是個小毛頭，居然敢在大人面前發脾氣？不准不耐煩，不准生氣。」鬧脾氣、煩躁、生氣都是負面情緒，但這世上真的有不生氣的人嗎？除了苦苦修行多年的僧侶之外，一般的人都會生氣。人類從嬰幼兒時期起，情緒就會開始分化，自然而然地會開始感受到各種正面和負面的情緒，怒氣也是其中一種情緒，而人類都有表達自身情緒的本能。

孩子也跟成人一樣會生氣，他們會表達憤怒的情緒也是理所當然的。但如果將情緒的程度劃分成一到一百，孩子是無法準確地知道自己當下的情緒到什麼程度的。除此之外，孩子也缺乏用適當的方式消除怒氣的經驗，這也是孩子表達憤怒的方式比成人還要生疏的理由。

為了幫助理解，我用了三個成人所遇到的狀況當作例子來說明。第一種情況是因為玩剪刀石頭布輸了，所以有一個人必須在午餐時間去跑腿。第二種情況是雖然錢不多，但是把錢包弄丟了。第三種情況是在重要的面試上被刷掉了，雖然很早就起床趕往面試會場，但因為碰上意料之外的大塞車，最終連面試的機會都沒有就被刷掉了。以上這三種情況都可能會讓人產生負面情緒。

對一般的成年人來說，雖然第一種情況需要犧牲自己的休息時間，但大部分的人並不會太生氣，比較悠哉的人可能還可以笑著說：「就當做志工吧！」像第二種情況一樣弄丟錢包的話，心裡的負面情緒自然會比上一種情況還要強烈，但即使如此，還是會覺得：「不過是我自己弄丟的，能怎麼樣呢！」最後坦然地接受這件事。但第三種情況就不同了，明明就不是我的錯，卻蒙受了相當大的損失，當下生氣的程度是只要有人來招惹自己，就會立刻爆發。

當然，就算一樣都是負面情緒，程度也會有所不同。但一般的情況下，有些情緒的程度只是相對較低或較高，情緒的根本是非常相似的。請閱讀下方的情緒詞語，比較負面情緒程度的高低。

可惜 ＜ 煩躁

惋惜＜難過
感覺不對勁＜感覺快要爆炸了
心裡不太舒服＜怒氣沖沖
無力＜疲倦
難為情＜丟臉
焦躁＜羞恥
失望＜挫折

一名健康的成人能夠知道上述這些負面情緒詞語大概會在什麼時候、什麼樣的情況下感受到，也會知道該情緒會帶來何種程度的感受。能感受到各種情緒，就更能在產生情緒的時候做最好的應對，例如憂鬱的時候選擇聽音樂，覺得煩躁的時候吃點好吃的東西。但對於孩子來說，情緒詞語的意義非常模糊，孩子們並不知道要用什麼樣的、什麼程度的詞語來表達自己的情緒，更別說是做出應對了。

越詳細地表達自己的情緒越好

和孩子對話的時候，盡量多使用一些情緒詞語。三到四歲的孩子在面對第一次感受到的陌生情緒時，大多都會用「可怕」來形容。孩子還不清楚不同情況下的情緒差異，會使用的情緒詞語也不多，所以只要是負面的情緒，他們大多都會選擇用「可怕」來表達。也就是說孩子口中的「可怕」和大人口中的「可怕」其實是不一樣的，在很多情況下，孩子所說的「可怕」代表的都是別的意思。如果父母能夠根據情況，盡可能詳細地表達自己的情緒，孩子也能學會細分自己的情緒，知道該怎麼用不同的方式表達。

舉例來說，假設現在突然停電，房子裡一片漆黑。在孩子說「好可怕」的時候，與其說「這不可怕，沒事的」，最好是說「燈突然熄滅了，你很慌張吧？」當孩子因為來到陌生的地方感到不適應，說出「好可怕」的時候，請告訴孩子：「因為這是第一次來的地方，所以你會覺得很陌生。」當孩子初次登上才藝表演的舞台，請跟他說：「因為你是第一次在舞台上跳舞，可能會覺得很尷尬。」只要父母一直以不同的方式表達情緒，孩子就會透過爸媽所說的話認識到自己情緒的樣貌，開始比較不同情緒的差異，並學著調整自己的情緒。

情緒是要表達出來的，不要對著孩子說「不要生氣」、「生氣就是壞孩子」，而是要改說「看來發生了一些讓你很傷心的事呢！你是因為這樣生氣的嗎？」接著再次問孩子，請他將這次的情緒和過去的情緒做比較，從而理解情緒程度的差異，例如：「那麼你有多生氣呢？生氣分數是一分？還是十分呢？」在這個過程中，孩子會逐漸發現不能一生氣就大吼大叫。請各位幫助孩子們更加客觀地認識自己的情緒，並學習如何針對不同的狀況做調整。

了解自己情緒的狀態，就能培養調整的能力

六歲的東沅正在用積木蓋房子，但重做了好幾次，積木還是不停掉下來，讓東沅遲遲無法完成他想蓋的房子。東沅剛開始一邊發脾氣一邊說：「真是的！為什麼會這樣！」最後則是一臉快哭的表情，不停地跺著腳。媽媽洗碗洗到一半聽到東沅在發脾氣，便立刻跑到東沅的身邊。

媽媽：積木沒有照你所想的排好是嗎？（讀懂孩子的情緒。）所以是哪邊沒有做好呢？（了解詳細的情況。）

東沅：我本來想排成這樣的，但積木一直掉下來啊！（用腳踢開積木後轉過身。）

媽媽：（朝著生氣的東沅走近）東沅，過來媽媽這邊一下。你原本想讓媽媽看漂亮的房子，結果房子一直倒下，讓你很生氣對嗎？（撫摸東沅的頭）我的寶貝好像很生氣呢！可以告訴媽媽你有多生氣嗎？生氣分數是五分，還是十分？上次弟弟把你的作品弄壞的時候，你跟媽媽說你的生氣分數是五分，那現在是比上次更生氣一點點，還是比之前還要生氣很多呢？（幫助孩子了解自己情緒的程度。）

東沅：多一點……大概六分。
媽媽：比弟弟破壞你的作品的時候更生氣嗎？
東沅：因為弟弟是小朋友，還不懂事，不是故意的……
媽媽：這樣啊！那媽媽知道東沅現在有多生氣了。（對孩子的情緒表示理解。）但因為生氣就用腳踢積木，放棄蓋房子的話會怎麼樣呢？（給孩子一點獨自思考的時間。）媽媽洗完碗之後可以幫東沅，要不要跟媽媽一起再試看看呢？（提出建議，並告知孩子他該做什麼事。）媽媽洗碗的時候，東沅可以先整理一下積木嗎？

也許有些人會覺得孩子鬧脾氣，安慰他就好了，何必要問什麼「你有多生氣呢？傷心分數是一分還是五分？」但請各位仔細看看我們的周圍，其實有非常多人都因為不知道自己情緒程度的高低而過度反應、做出不符合情況的行為，又或者是為憤怒調節障礙所苦。

如果負面情緒只有一分，那只要傷心一分，用一分的程度好好消除就可以了。其實在我們的生活中，滿分十分的負面情緒並沒有我們想像中那麼多。不過對那些對自身情緒沒有明確認知的人來說，只要發生一點點比較負面的事情，稍微有點負面情緒，都會用十分的火力發火。

從情緒開始分化的幼兒期開始，父母就要幫助孩子仔細觀察，並適當地表達自己的情緒。請切記，能夠明確地辨認自己情緒的孩子除了能對他人的情緒產生共鳴，自尊心相對也會比較高。

透過約定教導孩子信賴和關心

該怎麼做才能讓孩子遵守約定呢？

法律、規範與規定是生活在同一個社會裡的人們必須共同遵守的，各自的需求、價值觀都不同的人，想要共同生活在這個社會，維持和平、有秩序的生活，就必須要定下某些約定。如果沒有這些約定與承諾，人類的安全就無法得到保障，沒有能夠解決人與人之間眾多爭執的標準，就會造成非常大的混亂。一旦社會秩序崩毀，我們便無法享受舒適、幸福的生活。

其實養育孩子就是把一個人培養成一個獨立、正直的社會人。在養育子女的過程中，父母應該要教導孩子社會中關於「可以」與「不可以」的標準，並幫助他們一步一步實踐。孩子除了有以自我為中心的思考方式之外，還受衝動能量（原初我）所支配，所以只要大人們沒有教導孩子該遵守的規範，他們就無法在這個社會上生活。

人們不喜歡不在乎他人，總是照自己意思行事的人。每個人都希望能夠在不同的關係中受人喜愛、得到認可。因此，從兒童期開始，我們就應該要逐步了解這個社會的各種規範，透過遵守各種小小的約定，練習成為一名遵守社會規範，正直的社會人。

很多親子教養專家都提過，應該要根據孩子的發展訂定學習目標，以及孩子能夠實際完成的小規定。例如在孩子兩歲左右的時候，要求他們吃飯的時候不要到處走動，又或者是為了個人的安全和衛生，外出後必須要洗手。這種日常生活中的小規定還能幫助孩子安排自己每天都要做的事，與生活習慣的形成也息息相關。

當孩子進入托兒所、學校之後，需要遵守的規定會變得越來越多。為了和別人一起愉快地在這個社會生活，在每個場所和不同的情況下都應該要遵守規定，不能傷害或妨礙他人，同時也要保護自己，不讓自己的安全受到威脅。家裡和公共設施中的規範、與同齡人之間的遊戲規則、交通安全及遊戲場的規定，在上述這些孩子的生活圈中，存在著各種需要遵守的規定。

父母要先表現出一貫的態度

為了教導孩子這個社會的規範，培養好習慣，大人們需要採取正確的管教方法，強化良好的行為，對錯誤的行為進行懲罰便是幫助孩子保有紀律的基礎。為了能夠有效地管教孩子，父母帶給孩子的信任感和一貫的態度十分重要。下列這些父母不具有一貫性的模樣會讓孩子的內心感到相當混亂。

說要戒菸的爸爸偷偷抽菸
平時很溫柔的媽媽，只要孩子一做錯事就會變得異常可怕
明明說好晚上要陪我玩，卻因為太累改為隔天
決定說話的時候不要發脾氣，卻還是因為生氣大吼大叫

如果在家庭這個小社會裡達成協議的約定能夠輕易被破壞，孩子便無法接受更大的社會裡的各種規範，忽略其重要性，且失去控制自身行為的能力。相反地，在家庭中實踐了約定的孩子，會由此得到信任和安全感，日後便會以此為基礎，努力遵守社會上的各種規定。

請幫助孩子依據不同狀況做出相應的靈活變化

在約定中，一貫性的態度比什麼都還要重要，但有另外一個詞語必須放進來一起談論，那就是靈活性。「保持一貫性，同時發揮靈活性」這句話乍聽之下可能十分矛

盾，但如果人在生活中只重視一貫性，完全不發揮靈活性的話，生活就會變得非常枯燥乏味。身在這樣的鬱悶之中，人們會開始懷疑起這沒有得到任何照顧且生硬的生活，選擇脫離規範的人也有可能會變得越來越多。

稍有不慎，我們就會向年幼的孩子過度強調約定的重要性，而這樣的做法可能會反過來破壞父母與孩子之間的關係。就好比有些人被「約好了就一定要遵守」的想法給束縛，無法發揮靈活性。我經常聽到孩子們說這樣的話：「我覺得很冤枉，明明媽媽也有不遵守約定的時候，媽媽每次都挑對自己有利的話講。」這樣的情況通常就發生在媽媽過度強調約定重要性的時候。

對這些父母們來說，只要孩子答應了，就一定要努力遵守。如果說好一天要寫兩頁的習題，不管發生什麼事都要做。如果說好一天只吃一顆糖果，就一定要遵守。如果孩子能夠遵守他們說出口的一切當然最好，但世界上的任何一個孩子都不可能遵守自己所說過的每一句話。不，更正確來說，就連成年人也沒有人能完全遵守自己曾經說過的話。

五歲的旼希和媽媽約好一天只能吃一支冰淇淋，旼希這天上午就已經吃掉一支冰淇淋了。到了下午，旼希和媽媽到社區的遊樂場去玩，這時包括志旻在內的三名同班同學也來到了遊樂場。

志旻媽媽：我買了冰淇淋來，旼希要吃嗎？
旼希：（看著媽媽）可以吃嗎？
旼希媽媽：妳自己說吧！我們說好一天只吃一支冰淇淋，今天早上已經吃過了。

最後旼希只能眼睜睜地在旁邊看著朋友們吃冰淇淋，沒吃到冰淇淋的旼希在遊樂場玩的時候一直覺得很熱，鞋子裡也一直有沙子跑進去，旼希開始鬧脾氣說不好玩，在媽媽身邊徘徊了一下子後，就自己走回家了。

雖然說應該要遵守約定，但如果情況發生了變化，就應該要發揮靈活性，其他朋友都在一旁吃冰淇淋，只有自己不能吃，這是一件非常難忍的事情。與此同時，旼希的媽媽忘了一件非常重要的事，也就是理解孩子的內心。如果旼希的媽媽能夠理解旼希的想法，在遵守約定的同時發揮靈活性，事情會怎麼發展呢？

我想各位爸媽們應該也都在社會上遇過死板的人。我們教導孩子信守承諾是要幫助孩子擁有自我調節的能力，未來能夠好好適應社會。要能夠完美適應社會，應該要是個能根據不同的情況和對象做出不同判斷，知道怎麼解決問題、發揮靈活性、懂得體諒他人的孩子。如果爸媽排除了各種情況與對象的多樣性，堅持保持一貫性的話，孩子的社會性便無法提高至更高的水準。

保持一貫性，發揮靈活性，這句話說起來容易，但做起來其實很困難。另外，人與人之間的爭執和孩子的問題行為都不僅僅只有一種解決方法。就算模仿培養出優秀孩子的鄰居，用她的方式養育孩子，我的孩子也不會跟鄰居的孩子一模一樣。

明智的父母應該要隨時打開他的耳朵和內心，將所有注意力都放在孩子的內心上。只要制定幾個不容許動搖的養育原則，保有一顆開放的心，讓自己能根據不同情況做出合理的選擇就夠了。

育兒秘訣

當孩子很難遵守與父母之間的約定時，請嘗試「情緒指導四階段對話法」。

1. 第一階段：對孩子的心情表達共鳴

「朋友們都在吃冰淇淋，旼希應該也很想吃吧？」

2. 第二階段：幫助孩子了解客觀的情況

「但是我們約好一天只能吃一支冰淇淋，旼希早上已經吃了一支了。」

3. 第三階段：和孩子一起尋找合理的對策

「現在又吃的話等於一天吃了兩支，該怎麼辦才好呢？還是我們今天吃兩支，明天不要吃冰淇淋怎麼樣？還是要現在忍耐一下，等明天再吃呢？」

4. 第四階段：尊重孩子的選擇

無論孩子做什麼樣的選擇，都照著他的意思做。依據情況和對象的不同，學著尊重孩子的情緒也是非常重要的。如果沒有什麼大問題，就放寬心好好觀察吧！

打造孩子的心12

父母提出的疑問會讓孩子思考一生

如何讓孩子對學習產生興趣？

在赫是一名小學三年級的學生，他的媽媽是一間數學補習班的老闆，對兒子的課業非常重視。不過在赫並不喜歡念書，在學校裡屬於那種沒有自信，也沒有野心的類型。某天，在赫的媽媽接到在赫沒有去補習的通知，媽媽嚇了很大一跳，在社區和學校都找遍了，最後才在社區的遊樂場找到在赫，當時在赫正站在一旁看其他小朋友玩耍。好不容易找到在赫的媽媽鬆了一口氣，不過這樣的寧靜也只是暫時，下一秒，媽媽就立刻把在赫帶回家教訓了。

媽媽：你今天為什麼沒有去補習？

在赫：我玩著玩著就忘了。

媽媽：你又沒有在玩，你不是就在旁邊看而已嗎？

在赫：（一句話都不說。）

媽媽：你都已經三年級了，九九乘法也不太會，加減法也成天都算錯，你以後打算要怎麼辦？這世界上哪有人不會背九九乘法的！（在赫不發一語，默默地低下頭。）你以後出社會就知道了，到時候你就會知道念書有多好了，這世上還有比念書更容易的事情嗎？明明只要認真就能做好，你為什麼就是不肯做呢？

在韓國，大概每個人都會認同父母和子女間的關係總是綁著課業。每年都會有許多以學業為主題的電視劇和綜藝節目，也總是會在媽媽群中成為話題。

父母因為念書的問題開始與孩子發生爭執，大概是從孩子進小學開始吧！身邊的媽媽前輩們的建議聽起來總是特別有道理，她們說：「如果小學一、二年級不養成讀書習慣的話，到了三、四年級就很難跟上別人的進度了。」一聽到這樣的話，新手媽媽開始感到不安。總覺得自己應該做些什麼，不管孩子的程度到哪，對念書有沒有興趣，為了培養他讀書的習慣，應該好好制訂一些規定。一方是想要和同齡人一起玩的孩子，另一方是想培養孩子學習習慣的媽媽，從這一刻開始，戰爭一觸即發。想要孩子讀各年級必讀書籍的媽媽，還有想看自己喜歡的書的孩子之間也會產生不小的矛盾。

當然，在我們的社會，書念得好的確是有不少好處。媽媽會想讓孩子有更好的人生是再理所當然不過的事了。正如在赫媽媽所說，進入社會之後，想要在眾多求職者中突破重圍，找到一份好工作並不容易。就算就業成功，要在這個社會生存也不容易。對於已經先經歷這一切的媽媽來說，只要念書就好的學生時代當然是最快樂的時期，相較於社會上的競爭，念書自然成了最容易的事。

但大家既然經歷過，應該也很清楚，其實要在課業上名列前茅並不是一件容易的事。孩子當然也很清楚成績好能得到他人的稱讚和某種程度的自由，我想應該沒有孩子不想擁有好成績吧！但問題就是雖然想做好，但就是做不到。

對在赫來說更是如此，就算不停在他耳邊說著應該念書的理由，他也無法達到媽媽的期待。因為在赫在學校裡一直都是沒有自信、沒有任何野心的狀態，他對念書一點興趣也沒有。在赫不按時去補習班，代表他很難控制自己的行動，而念書又恰巧是一件需要高自制力的事，無法專注的在赫終究無法把這件事做好。

基本需要被滿足後，就會產生學習的動機

人本主義心理學家亞伯拉罕．馬斯洛用了五個層次解釋人類的需求。根據**馬斯洛人類需求五層次理論**，人類都有本能的需求，而這樣的需求必須在滿足低層次後，才能晉升到高層次。

與學習相關的學習欲望、知識追求欲望是人類的自我實現需求，也就是最高層次的需求。換句話說，唯有充分滿足了第一階段的生理需求（解決食衣住行）、第二階段的安全需求（解決心裡的不安）、第三階段的社會需求（與家庭、同齡人之間的關係、歸屬感與愛情）和第四階段的尊重需求（想要被認可的心），才有辦法學習。

遺憾的是，沒有自信和野心的在赫無法滿足他對於歸屬和認可的需求，在這樣的情況下便很難產生高層欲望，也就是學習的動機。

父母逼著還沒準備好的孩子學習，只會變得越來越嘮叨，親子之間的問題也會越來越嚴重。

「念書也是有時機的，要好好念書才能夠成為優秀的人。」

「如果想要做你想做的事，現在就必須要好好念書，這樣才有機會完成夢想。」

「念書又不是為了別人！念書的結果可能會成為你人生的全部。」

「考那個成績你還好意思打瞌睡啊？念書的痛苦是暫時的，沒學會的痛苦是一輩子的。」

「你確定自己已經盡力了嗎？努力是絕對不會背叛你的。」

「小時候不提早學英語的話，是學不好的。」

「書念成這樣，未來要靠什麼過活？」

念書＝嘮叨，只要一提到課業相關的事，爸媽和孩子就會產生爭執，最後甚至導致關係逐漸疏遠。令人惋惜的是，明明爸媽說這些話都是為了孩子好，但說出口後，卻總是會為孩子的心靈帶來傷害。

父母說的那些關於念書的大道理，有些在孩子們聽來是完全無法理解的，如此一來爸媽說得越多，只會越降低自己的話在孩子心中的信任。

請詢問孩子今天一天學到了些什麼

在父母生活的二十世紀，只要成績夠好就能找到自己想要的工作，在職場上步步高升，有穩定的收入，但孩子們的時代並非如此。YouTuber 和偶像們都在做自己想做，且能讓自己感到幸福的事，而這些工作都與學業無關。孩子只會相信自己親眼所見和親身經歷的事，在這樣的前提下，爸媽的話成了沒有幫助，且不可信的話。時代已經變了，想要用過去的舊思想打動孩子的心幾乎是不可能成功的。

如果因為學業的關係，總是和子女發生爭執，心理上也越來越有距離感，那就把學業交給孩子自己處理吧！與其要求孩子坐在桌子前念書，不如先幫孩子滿足低層次的需求，說不定他們會因此重新思考學習的意義。

考進好大學就算是成功的時代已經過了，這是一個需要不斷學習新知，適應嶄新變化，終生學習的時代。既然是要學習一輩子的，如果不有趣的話，就學不下去了。要讓終生學習成為有趣的、幸福的學習，就不該把成績放在首位，而是應該要以個人成長為優先，不斷精進自己。

如果孩子這一天有某些特別的經歷，他的人生就算是多成長了一點。就算不是教科書上的內容也沒關係，就算是非常瑣碎的內容也無所謂，每天都問問你的孩子「今天有碰到什麼特別的事嗎？」、「你今天新學到的東西是什麼？你的感受又是如何呢？」問完之後記得要告訴孩子：「你學了很多呢！今天的經驗會對你的人生有很大的幫助。」

子女的成績是父母養育成績單、爸媽自尊心的時代已經過去了，在這個時代，會念書不代表就能過上幸福的生活，因此，不為了孩子的學業破壞自己和心愛子女之間的關係才是更明智的選擇。

打造孩子的心13

稱讚能夠讓孩子變得更加專注

如果孩子很散漫，應該要如何提高他的專注力？

小學一年級的知孝喜歡畫圖、做勞作、彈鋼琴等和音樂與美術相關的活動。知孝畫畫的時候，兩隻眼睛總是充滿光芒，一坐就是一個多小時，專注的程度非常驚人，甚至聽不見身邊的人在叫她，所以知孝的媽媽一直認為她的專注力非常高。但在寫數學習題的時候，知孝就會展現完全不同的面貌。

首先，在開始寫數學習題之前，知孝就會擺著一張苦瓜臉，就是不想寫。好不容易哄著她坐下了，知孝也會找各種藉口逃離座位。知孝和媽媽的關係平時很好，但每次寫數學習題的時候，兩人之間會產生許多爭執，知孝會一直看媽媽的眼色，試圖要逃跑，整個過程中充滿媽媽的嘆息和嘮叨。

知孝：（把兩條腿放在椅子上，心不甘情不願地坐下。）
媽媽：把腿放下來坐好。
知孝：（瞪媽媽）我已經坐好了啊！
媽媽：（拿出數學習作）作業要寫到哪？
知孝：（不回答，拿著鉛筆做別的事。）
媽媽：我問妳要寫到哪？這裡嗎？媽媽也不喜歡在這跟妳吵，反正早晚都要寫，就快點寫一寫。妳不是能做得很好嗎？快翻頁。
知孝：（嘟囔著翻開習作，但連看都不看）我不會，太難了。
媽媽：都還沒開始寫呢！有什麼好難的。這是之前跟媽媽一起寫過的不是嗎？妳可以的，自己寫看看吧！
知孝：（看起來快要哭了）要寫到什麼時候！
媽媽：作業本來就必須寫啦！（嘆氣）妳才一年級而已，現在就討厭念書了，之後該怎麼辦！
知孝：（不耐煩的口氣）這要寫到什麼時候啦！
媽媽：好，都不要寫！別寫了！（走到客廳。）

才剛要寫第一道題目而已，知孝就已經無法專注了，接著又用之後再寫、睏了、媽媽自己寫吧等藉口逃避寫作業這件事。忍無可忍的媽媽忍不住大喊，離開了知孝的房間。看到媽媽生氣的樣子，知孝有些驚慌失措，獨自在房間裡流著眼淚。

在媽媽看來，明明題目就不難，也沒幾題，但孩子卻連試都不試就說很難、太多了。明明平常玩自己喜歡的遊戲時，是個能夠全神貫注一個多小時的孩子，寫作業的時候卻連十分鐘都坐不住，就連媽媽都忍不住會想「這是同一個孩子嗎？」想陪孩子學習的媽媽和拒絕學習的孩子之間，心的距離變得越來越遠。

沒有父母會希望孩子不停地念書，他們真正期待的是孩子能把事情做好。就算學習的時間很短，只要成績好，父母和孩子之間就不會因為課業問題產生爭執。學習的時間短，但成果卻很好的「學習效率」議題上，免不了要談到專注力。

專注力是一種能夠讓心思或注意力集中的力量，同時也是一種心靈與精神的作用，因此很難透過藥物、書桌和食物來取得效果。人類心靈與精神的作用是非常複雜的，所以先了解評估專注力的標準，也就是專注力的組成要素，再提高這些要素，絕對會比把力氣花在專注力上來得更有效益。

專注力的組成要素主要有四個。第一個是和能否堅持完成作業相關的**持續能力**，第二個是和能否阻擋外部刺激相關的**隔絕能力**，第三個是和能否將想法和心思集中到特定課題相關的**聚焦能力**，第四個則是和能否將新的知識與現有的知識連接起來，進行同化或調節的**學習連接能力**。

評估專注力的環境和條件也十分重要，也就是說在評估專注力的時候，就算不是在孩子喜歡的領域，而是在孩子感到陌生的領域進行評估，結果也要是一樣的，才能夠稱得上是擁有高專注力。例如奶奶們看著正在看電視的孫子說：「我的孫子專注力很高，他看電視的時候，我們在旁邊做什麼他都不知道。」如果真的想要確認孩子專注力的話，應該要在孩子不感興趣的領域做一樣的測試才行。

大部分的父母在孩子幼兒時期都不太會擔心專注力的問題，但在孩子上小學之後，就開始為此苦惱，背後的理由就是環境差異。在幼兒園的時候，孩子多半都是選擇自己喜歡玩的遊戲，所以沒有什麼專注力的問題，但進了小學之後，孩子必須要集中精力聽老師說一些自己絲毫不關心的事，在這樣的情形下，專注力必定會有差異。

正面的反饋能夠讓孩子產生興趣

之所以要把重點放在專注力的組成要素上，是因為專注力是一種抽象的概念，是相當複雜的精神作用。這就跟我們想提高創造力這個抽象概念是一樣的道理，創造力的組成要素為敏感性、流暢性、靈活性、獨創性、精巧性，如果想要提升孩子的創造力，我們就要針對上述的要素來培養。同樣地，將專注力分為具體的四個要素，一個一個好好培養的話，就能更簡單地提升孩子的專注力。

首先，我們先來看專注力的第一個要素——持續能力。想要培養能夠從頭到尾好好做完一件事的持續能力，最重要的就是父母的稱讚了。舉例來說，在孩子背九九乘法表的時候，比起對背到第四段的孩子說「才背到第四段而已嗎？」改成說「居然背到第四段了！」給予孩子正面的反饋，能夠增強孩子的持續能力。但如果父母稱讚孩子時只是嘴上說說，沒有任何靈魂的話，日後無論是在什麼樣的狀況下，父母的稱讚都不會起太大的效果，這點必須多加注意。

既然要稱讚了，用漸進式的稱讚方式會有不錯的效果。面對向自己炫耀畫作的孩子，比起用一句「畫得很好」一次結束稱讚，分階段的稱讚方式會更好。例如在第一階段先說「哇！你畫了好漂亮的大海啊！」第二階段再說「大海裡面好像有鯨魚和章魚呢！」第三階段說「晚上拿給爸爸看的話，他一定會很喜歡！」第四階段則是「你怎麼會想到要畫這樣的畫呢？」

從整體談到部分，從當下的感覺談到之後能夠前進的方向，稱讚中賦予孩子持續畫下去的動機。分階段進行稱讚的話，孩子就有很大的可能會繼續畫下去。同時，要記得當對象是年幼的幼兒時，比起困難、孩子不感興趣的主題，應該主動提供有趣的東西，給予孩子將自己喜歡做的事從頭做到尾的機會，這麼做對培養持續能力相當有幫助。

接下來我們來談談專注力的第二個要素——隔絕能力。有些孩子在念書的時候會經常從房間裡跑出來，問媽媽：「媽媽！今天晚上吃咖哩嗎？」、「誰來了？」或是在上課時說：「老師！那邊有一隻貓走過去了！」這類型的孩子的視覺、聽覺、嗅覺都很容易被外部刺激吸引，而且會立刻做出反應，這樣的孩子就是隔絕能力不足。

隔絕能力其實和感覺及身體的自我調節有關，例如會自己整理已經不玩的玩具、不在飯店或銀行等公共場所四處走來走去、放下手中想買的玩具，這都是一種自我調節能力的練習。擁有這種調節能力的孩子，就算在念書的時候受到外部刺激，他們也會意識到「啊！現在是學習的時間」克制自己的行動。所以在幫孩子養成學習習慣之前，父母應該要多給孩子一些練習自我調節的機會，哪怕只是生活中的一點小事也沒關係，孩子必須學著去了解自己處在什麼樣的情況下，並調整自己，做出適當的行為舉止。

接著是專注力的第三個要素——聚焦能力。完全沉浸在某件事情中是人類獨有的本能，也是好奇心的表現。投入在某件事情上對許多人來說是夢想的自由與幸福的開始。當我們看著那些在同一個領域耕耘數十年，一步一步取得成就的藝術家和專家們時，總是會給出「看起來很自由、很幸福、很帥氣」的評價。人類在全心全意投入某件事情時，會感受到前所未有的喜悅，當這股喜悅瞬間湧出時，會感覺自己真真切切地活在這世上，對未來的生活產生新的動機。相反地，如果無法投入某件事情中，無論什麼事情都覺得無趣，就無法感受到生活的希望與價值。

只要好好地表現出人類出於本能的好奇心，每個人都能夠有全心投入的體驗，也正是因為如此，聚焦能力是四個專注力要素之中最容易形成的一種。不過前提是當孩子懷著好奇心，想要投入在某件事情上時，父母不能妨礙他。舉例來說，如果對每天看蚯蚓的孩子說「媽媽討厭蚯蚓」，對他的行為表示否定，又或者是對長時間沉迷於拼樂高的孩子說「現在該停止玩樂高了吧？」孩子的聚焦能力就無法得到提升。

最後一個要素是能夠將新的知識和現有的知識連結起來的學習連結能力。有些孩子只要看一次就能立刻記住剛學的知識，並靈活地運用在生活之中，有些孩子則是遇到問題就迫不及待地要提問，這些都是學習連結能力強的特徵。

這樣的孩子只要一學習到新的知識，就會快速在腦中將其區分為「知道的」和「不知道的」，接著將已經知道的知識與現有的知識同化。至於不知道的知識，他們會試著在其和現有的知識中尋找共同點和差異，仔細整理過後，收進腦海的櫃子裡頭。如果能將腦海中的知識櫃整理好，就能快速記憶新知，消化大量的知識，也能隨時隨地將這些知識拿出來運用，這種學習和思考方式相當有效率。

學習連結能力是透過後天的努力與經驗培養起來的，所以父母必須要在孩子身旁提供協助。值得注意的是，學習連結能力的形成過程與人們對話的過程十分相似。例如，對話和學習連結能力都需要具有善於傾聽的能力，同時也會經歷形成共鳴和協調的過程。因此，每天在和孩子對話的時候要好好傾聽他們說的話，並將對話內容和自己的想法做連結，孩子會從父母的示範中學習，從而培養出學習連結能力。透過父母們一點一滴的努力，一定能夠提升孩子的專注力！

打造孩子的心14

將手機關機，把時間拿來跟孩子好好相處

和孩子之間的手機戰爭要持續到什麼時候呢？

在爸媽們感到鬱悶的事情中，他們都有一個始終解不開的疑問。

「以前我爸媽根本沒花什麼心思養我，我也還是好好地長大了。但現在無論是我，還是其他年輕父母，明明比過去更用心在養育孩子，但孩子好像不像過去那麼單純了，變得沒什麼耐心，也比較自私……現在反倒有很多個性古怪的孩子，為什麼會這樣？」

的確如此，很遺憾的是最近的孩子已經不像過去那麼單純了。那麼背後的理由是什麼呢？現在的孩子們在成長環境上有兩點和過去非常不同，那就是過多地接觸影像媒體和過度的期待。

有些父母因為知道影像媒體會對孩子產生不好的影響，所以乾脆不在家裡裝電視。也有不少父母為了不讓孩子看手機，付出了相當多的努力。但在日常生活中，真的很難做到完全不讓孩子接觸這些東西。

「一個小時應該沒關係吧！我在這個年紀也是看了很多漫畫啊！」
「媽媽也要有時間吃飯啊！」
「比起在餐廳裡造成別人的困擾，這樣不是比較好嗎？」
「等我丟完垃圾回來，也不過才看一個影片而已。」
「這個內容對孩子們有益，也是教育用的，應該沒關係吧？」
「看童話故事，聽童謠不是什麼壞事吧？」
「最近哪有不玩手機的孩子啊？」
「反正以後都會用，現在只是提前看而已，有差嗎？」

有一天，一名母親和她的大兒子前來諮商，才一歲半大的弟弟也跟著來到了諮商室。諮商一開始，媽媽就自然而然地拿出手機遞給弟弟。看著才一歲半的寶寶熟練地在 YouTube 上面找自己喜歡的影片來看的樣子，我真的嚇了一大跳。

我們先來看看孩子是怎麼開始沉迷於手機的吧！孩子會對手機產生興趣其實是因為家庭的緣故。雖然父母說：「手機是不好的，不行！」但說再多次也沒有任何幫助，因為父母無聊的時候都會滑手機。看著滑手機的大人，孩子就會開始好奇「那個是什麼？為什麼爸媽這麼常拿在手上看呢？」之後父母在去洗手間的時候將手機拿給孩子，手機裡的影片在非常短的時間裡就立刻吸住了孩子的眼睛和心。

影片是經過精密計算後的產物，那些為孩子們製作的影像媒體會精心計算孩子專注的時間、喜好，接著用能夠引起孩子注意的人物、快速的移動、強烈的視覺與聽覺刺激，再搭配上專業配音員引人入勝的嗓音讓孩子留下深刻印象。從此之後，孩子就會做這樣的聯想，手機＝有趣。

影片看太久，孩子的發展可能會變得遲緩

為什麼孩子小時候太常看影片會成為問題呢？在和那些因為孩子發育遲緩的問題，打電話到諮商中心來的父母們接觸時，我一定會問她們這幾個問題，那就是孩子是從什麼時候開始看影片的、一天看幾個小時、大概看多久了。百分之八十到九十的父母們都會告訴我孩子從很小的時候就開始看影片了。根據我的經驗，如果孩子接觸影像媒體的時間很早，次數多，看得又久的話，確實會對孩子的發育造成負面的影響。

宇碩家有一男一女，他上面還有一個相差七歲的姊姊。媽媽因為忙著顧姊姊的課業，沒有花什麼時間在宇碩身上。媽媽在陪姊姊念書的時候，經常會播放電視或影片給宇碩看。某一天，宇碩的媽媽覺得似乎讓他看太多影片了，索性就不讓他看了。但這個

時候宇碩開始做出翻滾、自殘、打媽媽和亂丟東西等具有攻擊性的舉動，最後宇碩被診斷出有一年六個月的發展遲緩。

在語言能力發展最快的零到三歲過度接觸影像媒體的話，會對語言發展造成影響。因為影片畢竟不存在聽者和話者之間的相互作用，而是單方面地傳達語言而已。做為播放影片的機器，機器沒有情緒，無論在什麼樣的狀況下，機器只會說它自己想說的話。從小就不與人溝通，總是和電子產品待在一起的孩子，對於和他人對視、讀懂對方的表情與情緒、掌握對方意圖等非語言溝通非常弱。因此，看太多影片的孩子會有的最大問題就是不太會與人互動。

河珍從滿一歲開始，每天都會看兩到三個小時的英語影片。對於河珍能夠用英語說 **red**、**yellow**、**car** 和 **rainbow** 等詞語，河珍的奶奶感到非常欣慰。河珍滿三歲後開始上幼兒園，但上了幼兒園的河珍開始出現許多問題行為，她不僅沒辦法和其他小朋友們好好相處，大部分的時間也都躲在桌子下面，又或者是獨自在教室裡繞圈圈。

沉迷於影片的孩子們會對人與人之間的互動和遊戲感到無趣，這是個非常嚴重的問題。和別人一起玩遊戲的時候會有許多需要耐心等待、遵守秩序、和他人合作、分享和讓步的時候。想要在遊戲中玩得更愉快，就要學習傾聽別人的故事，察覺到對方所處的情況和情緒，還要和自己的想法進行協調。

長時間觀看影片的孩子已經習慣了那種以秒為單位，在短時間內塞入許多有趣要素的模式。他們無法忍受平淡無奇、無趣的東西，不會自己找遊戲玩，也不會主導遊戲。在與同齡人相處的時候也表現得很不友善，不願意妥協，也不願意與人合作。

在爸媽們還小的時候，如果一家人一起出去吃飯，大人們就會輪流照顧孩子，帶孩子喜歡的玩具，一同陪孩子玩耍，而不是讓孩子和機器互動。

不要為了一時方便和「不會是我的孩子」的僥倖心態，做出妨礙孩子成長的行為。不要對「看完兩個影片就關掉」抱有任何期待，一兩次可能還做得到，但隨著時間推移，就會發現這根本不可能。「就看一個小時吧！」、「先看這個等我一下」父母不斷允許的行為最終會讓孩子成為一個無法忍下自己欲望的人。一定要記得，各位一時的鬆懈可能會讓孩子成為一個無法忍受平淡的上課內容、無法集中精神、無法與他人協調的人。

育兒秘訣

什麼時候可以允許孩子接觸影像媒體呢？

根據專家表示，在出生滿兩歲之前，都不應該讓孩子接觸影像媒體。兩歲以後到進小學之前，盡可能不要使用能夠隨處觀看的手機或平板電腦。真的要看的話可以看只能在指定場所才能看的電視，且必須設下觀看的時間，時間一到就要立刻關掉。

如果孩子感覺已經手機中毒了該怎麼辦呢？

1. 必須誠實地承認並接受孩子的狀態。

- 讓孩子和父母一起玩遊戲，把這當成是另一個溝通的媒介。
- 最重要的是要讓孩子覺得和父母一起玩很有趣。可以試著帶著孩子玩桌遊，或是出門旅行，讓孩子多體驗一些別的事物。

2. 幫孩子找一些跟遊戲一樣能產生成就感的其他刺激。

- 請別忘記孩子之所以會沉迷於遊戲，也是因為他們在遊戲世界裡體驗到了被認可的喜悅。所以即便只是芝麻蒜皮的小事，只要孩子挑戰成功，就應該給他充分的獎賞與鼓勵。

3. 將玩遊戲的總時長劃分開來。

● 如果孩子每天玩三個小時的遊戲，請將它分成六次，每次三十分鐘。透過這樣的方式讓孩子學習自己控制開始和結束的時間。

打造孩子的心 15

如果希望孩子得到幸福，請以現在做為基準

能夠讓孩子變得幸福的條件是什麼呢？

前面曾提到現在的孩子們在成長環境上有兩點和過去非常不同，其中一個是過多地接觸影像媒體、接觸影像媒體的年齡降低。那麼接下來我們來談談讓現在的孩子和過去的孩子不同的另外一個原因，也就是「過度的期待」。

秀燦媽媽：比起會念書，我更希望孩子能幸福。

恩昊媽媽：希望孩子能夠做自己想做的事。

至律媽媽：我對孩子沒有什麼太大的期望，因為我自己的自尊感比較低，所以我希望孩子能夠長成一個高自尊的人。

不過是二、三十年前的事而已，當時很多爸媽都會對孩子說：「你要當法官、當檢察官」或是「你要當醫師，在我生病的時候幫我治療」。在諮商的過程中，我察覺現在的父母並不會這麼露骨地表達自己對孩子過度的期待，造成孩子的負擔。但其實仔細觀察的話，會發現這些爸媽們所說的，其實都是表面上的話，看似支持孩子過他們想要的生活，只希望他們過得幸福，但實際上，大多數父母對孩子的期待遠遠不僅止於此。

「幸福不會從天而降，要努力才能得到。」
「如果會彈鋼琴的話，長大後就能夠在音樂的陶冶下生活了。」
「想跟朋友一起玩，等到上大學後再玩，才能玩得更盡興。」
「男生還是要會一些運動，以後才能夠融入社會。」

首先，已經在社會打滾過一輪的父母說的話也許都是正確的，但我在這裡想討論的並不是父母說的話是對還是錯，而是最近的爸媽對孩子的期待並不比過去少。雖然表面上看上去沒有什麼太大的期待，只是單純希望孩子能夠幸福，但事實並非如此。

因為最近的爸媽們口中的幸福大多都不是指現在的幸福，而是未來的幸福。也就是說，孩子現在的生活只是為了未來的幸福做準備的一段過程而已。這是一段為了能夠具備幸福的條件而踏上的漫長旅程，孩子們為了得到那些變得幸福的條件，每天都過得很辛苦，壓力也非常大。大部分的人在這段時間裡都不是幸福的。

未來是誰都無法預料的，也許在未來的社會裡，能夠得到幸福的條件會變得比過去預期的更加艱難，隨之而來的負擔也變得更重。以前只要會念書就能成為優秀的人，只要成為法官、檢察官、醫師、教授，就有信心能夠過上好日子。但未來社會並非如此，避免未來同樣重視成績，課業一樣要顧，還要懂音樂、會運動、具備社交能力、領導能力，還要會畫圖，這麼一來就能過上多采多姿的人生了。為了得到幸福，需要準備的條件實在是太多了。

有些父母會這麼說：

「我只讓孩子學她想學的，如果她不喜歡的話，就可以不用學。像英語、芭蕾、桌遊、數學遊戲、直排輪和中文都是她自己想學的，既然孩子喜歡，也只能送她去學啦！」

我以前曾經在SBS的綜藝節目《英才發掘團》中見過類似的情況。在某一集的節目中，播出了兩個小朋友的故事，一個是光是平日就必須到十一間補習班上課的八歲孩子，另一個則是必須到十二間補習班上課的十歲孩子。他們說到不停補習的生活雖然很痛苦，自己卻無法不補習，一講出內心話，眼淚就忍不住流了下來。

「如果不繼續補習的話，媽媽可能會覺得『那我之前為什麼要花那麼多錢？』而且會很難過。」

「不繼續下去的話，感覺到目前為止所做的一切就全都沒了。」

「如果不去補習的話，就沒有話可以跟媽媽說了。」

孩子們的內心充滿了對競爭的不安和無盡的忍耐。他們之所以會繼續補習不是因為喜歡學習，也不是因為現在很幸福，而是因為不想讓媽媽失望，所以才強忍下來。

比起未來的幸福，更重視當下的幸福

幸福也是一種慣性，現在感到幸福的人，未來也會幸福。各位聽說過幸福慣性定律嗎？這是將英國物理學家牛頓提出的運動定律中的第一定律「慣性定律」和人類所追求的幸福連接在一起的詞語。在物理學中，關係定律是指「假若施加於某物體的外力為零，則該物體的運動速度不變」，而幸福的慣性定律就是指現在感受到幸福的人，同樣會繼續維持幸福的狀態。

這也可以用生物學中的「恆常性」來解釋，不管是喝冰水還是喝熱水，人體的體溫都會維持在攝氏三十六點五度，背後的原因就是生命體具有的恆常性原理。同樣地，只要是人類，都會想維持自己所處的狀態，因此現在感到幸福的人，就能一直幸福下去。

既然人類追求的生活目標是幸福，那麼對「幸福是什麼？」這個問題給出回答，為幸福下定義就成了一件非常重要的事了，只不過要替抽象的幸福下定義並不是一件容易的事。因為我也夢想著能過上幸福的生活，所以我總會問自己：「我幸福嗎？」接著開始思考這個問題，但一直找不到答案。

有一天，我在聽法輪師父講課的時候，突然聽見師父說：「沒有不幸，便是幸福。」聽見這句話的瞬間，我睜開了眼睛，心裡想著：「啊！我所找的答案就是這個！」現在沒有什麼天快塌下來般的苦惱，也沒有特別感到不幸的我，其實就是個幸福的人。過去的我曾經為了尋找幸福拚盡全力，卻一直為自己是否過著幸福的生活而感到不安，但此時此刻，這些不安都隨著這句話煙消雲散了。

如果真的希望孩子幸福的話，就應該要幫助他們避開不幸。需要忍受不安、擔憂和不想做的事，還要不斷地壓抑自己是十分不幸的。如果好奇「我的孩子能夠過得幸福嗎？」就仔細看看孩子現在的表情，如果孩子現在的表情看上去無憂無慮，充滿幸福的話，他未來也一定會幸福的。

打造孩子的心16

在面對說謊的孩子時，請講真心話

如果孩子說謊，應該要怎麼糾正他呢？

有一名媽媽很希望自己的孩子能夠成為具有領導力的孩子。這一天，這名媽媽九歲的女兒告訴她說自己想參加班上副班長的選舉。媽媽一邊替女兒整理參加副班長選舉的演講資料，一邊替女兒確認演講時的儀態，可說是全力在支持女兒。

終於到了選幹部的那一天，正當在公司上班的媽媽好奇選舉結果如何的時候，女兒打電話來了。媽媽光是聽到孩子興奮的語調，就知道孩子要告訴她什麼消息了。

「媽媽，我當選副班長了！」

媽媽這天早早就下班，還買了蛋糕，準備晚上和家人們一起恭喜女兒當上副班長。隔天，媽媽問剛放學回來的女兒說當副班長做了些什麼，學校裡有沒有什麼事。女兒非常自豪地說老師會一直叫她幫忙做事，同學們也經常叫自己的名字，覺得很開心。

但就在女兒告訴自己當選副班長的第三天，媽媽知道了一個驚人的事實，她從女兒同班同學的媽媽那聽說副班長是別人，不是自己的女兒。聽到這個消息後，媽媽有些手足無措，她用了許多方法再次確認，這才知道女兒先前所說的話和所有行為都是假的。女兒打電話給自己時，說自己當選副班長時興奮的聲音、全家人一起為女兒祝賀的場面、女兒第二天自豪地說著自己當上副班長後做了些什麼事的表情，這一切都太真實了，真實到無法用言語形容自己受到的衝擊和背叛感。

孩子們為什麼會說謊呢？除了說謊的對象是應該無所隱瞞，什麼事都一起商量的媽媽之外，說的還是這種早晚會被拆穿的謊言。

首先是嬰幼兒時期所說的謊言，這個時期的孩子因為無法準確地區分現實與假象，所以無論遇到什麼情況都會當成是真的在說，這個時期多數的謊言背後的成因都是如此。也有一些孩子會把自己的期望當作事實來表達，例如看到朋友拿著新買的玩具炫耀時，孩子會跟對方說：「我媽媽說要把超市裡所有的玩具都買給我喔！」這樣的情形雖然會在成長過程中暫時出現，但也會隨著孩子認知發展的過程逐漸消失，因此不會造成太大的問題。

但如果進入小學之後的兒童還是和上述事例中的孩子一樣，持續說謊行為的話，父母就有必要介入，了解背後的原因，並給予孩子適當的幫助。如果進入小學之後的兒童還是繼續說謊的話，原因大致上可以分為四種。

第一種原因，出自於以自我為中心、尚不成熟的判斷能力，認為只要自己不說，就沒有人會知道。

第二種原因，可能是因為父母在碰到令自己感到為難的情況時總是選擇逃避，加上時常不遵守約定，養育態度也不具有一貫性，從而受到不好的影響。

第三種原因，孩子可能處在高壓或可怕的環境之中，使得他們不得不說謊。

第四種原因，父母對孩子的期待過高。孩子因為害怕自己失敗後，父母會失望，所以沒有勇氣誠實地說出實情。

說謊的孩子不是壞孩子，只是做錯事的孩子而已

我們平時遇到困難的時候，如果身邊有人給予自己安慰和力量，就會和對方變得比過去還要親近。父母和孩子的關係也是如此，如果在孩子遇到棘手的事情時，爸媽能夠發揮自己的智慧，提供孩子幫助，就能與孩子建立起比過去更親密的關係。在上述例子中的媽媽發現孩子當選副班長只是個謊言後，邀請女兒和她單獨一起出門。

媽媽：今天要不要和媽媽約會啊？

女兒：弟弟和爸爸呢？

媽媽：媽媽今天想和妳兩個人單獨出去玩。

兩人一起度過了愉快的晚餐時間後，媽媽帶著女兒到社區裡的遊樂場，坐在鞦韆上聊著天。

媽媽：我的寶貝女兒想當副班長嗎？每天都要假裝自己是副班長一定很累吧？現在妳不用這麼做了，媽媽都知道了。妳是因為擔心媽媽會失望才這麼說的嗎？如果是這樣，媽媽會很傷心的。妳覺得媽媽是因為妳當了副班長才愛妳，沒當上就不愛妳嗎？不管我的女兒是什麼樣子，媽媽都很愛妳喔！

在表達自己能夠體諒孩子的心情後，一定要記得告訴孩子說謊的危險性。

媽媽：說實話需要很大的勇氣，媽媽有時候也沒有說真話的勇氣。但如果妳無法鼓起勇氣，不停地說謊的話，以後人們就不會相信妳說的話了，媽媽很擔心自己哪天會無法相信自己的女兒。

無論孩子做了好的行為還是壞的行為，都必須要對孩子表達自己的愛意。只有爸媽站在孩子的視角看事情，了解他們內心的想法，並坦率地傳達自己的心意時，孩子才會敞開心扉，改變他們的行為。

孩子還沒有長大，他們正在成長，本來就有可能會犯錯，也會經歷失敗。可能會在考試中失利，被老師責罵，也有可能會被朋友們批評。

如果孩子在經歷失敗的時候，無法坦率地告訴父母，而是選擇用謊言掩飾一切的話，父母一定要回想一下自己過去的行為。因為孩子之所以會有這種表現，是因為在經歷失敗時，孩子對能從父母那裡得到安慰不抱期待，只擔心父母會不會因此對自己失望。在這種情況下，與其把重點放在如何糾正孩子的謊言上，不如先確認自己和孩子之間是否建立了充滿信任，且舒適的親子關係。

想培養出懂得調適情緒的孩子，爸媽該說什麼樣的話

● 孩子耍賴代表他們已經開始會表達自己的想法和主張。但做為大人，我們不能因為孩子可愛就什麼都聽他的，放任他各種耍賴的行為。在孩子不會因此感到害怕的前提下，態度要保持堅定。當然，這也是需要學習和練習的。

● 父母所要扮演的重要角色之中，其中一個就是「管教」。為了讓管教本身的效果更加卓越，必須要了解管教背後真正的意義和該這麼做的時機，了解管教最基本的態度也是很重要的一環。所謂管教，就是幫助孩子了解什麼樣的行為可以做，什麼樣的行為不能做，教導他們判斷的標準，並帶著他們一起實踐。

● 孩子無法準確地知道自己的負面情緒程度到哪，除此之外，用正確方式解決憤怒情緒的練習也遠遠不足。這也是為什麼孩子在表達自己內心怒火的時

候，會比大人們來得生疏許多。

- 從情緒開始分化的幼兒時期開始，爸媽就必須要幫助孩子仔細觀察自己的感受和情緒，並用正確的方法表達出來。請謹記一點，能夠明白了解自己內心情緒的孩子，除了能夠很細心地去理解他人的感受之外，自尊感也相對會比較高。
- 雖然必須遵守約定，但假如情況發生了變化，也要保有能夠接受變動的靈活性。社會性較強的孩子會依據不同的狀況和對象做出判斷，也具有變通的能力，解決各式各樣的問題。
- 無論孩子做得好還是不好，父母表現出來的愛都不能有改變。請別忘了只有爸媽站在孩子的視角看事情，了解他們內心的想法，並坦率地傳達自己的心意時，孩子才會敞開心扉，改變他們的行為。

為了爸媽開設的說話課 4

想培養出
高社會性的孩子，
爸媽該說什麼樣的話

詢問孩子之後，請尊重他們的回答

不可以問孩子比較喜歡媽媽還是比較喜歡爸爸嗎？

父母偶爾會用跟孩子一樣的表達方式進行對話。就像嫉妒弟弟的孩子會問媽媽：「媽媽比較喜歡弟弟，還是比較喜歡我？」一樣，週末整天都在陪孩子玩耍的爸爸會這麼問：「寶貝女兒！妳比較喜歡媽媽，還是比較喜歡爸爸？」平常要上班，除了週末之外沒時間陪孩子玩的媽媽買了禮物給孩子，還帶孩子一起去遊樂園玩，從遊樂園回來之後，媽媽問孩子：「寶貝兒子！你比較喜歡奶奶，還是比較喜歡媽媽？」

一般而言，父母會問出這樣的問題代表他們認為比起自己，孩子更喜歡別人。如果爸爸這麼問的話，百分之百就是覺得孩子只喜歡媽媽。如果這麼問的人是媽媽的話，就是覺得比起自己，孩子更喜歡跟爸爸一起玩。心中抱持著這樣的想法，在某天陪孩子玩了很長的時間，或是認為孩子心裡可能會產生變化的時候，就經常會問這類型的問題。

因為買了禮物給孩子，認真地花了時間和孩子玩耍，站在父母的立場上，會想要得到一些補償。

雖然父母是因為好玩才問這樣的問題，但這類型的問題會讓孩子的心裡變得很混亂，甚至會感受到罪惡感。孩子需要的並不是媽媽或爸爸其中一方的愛，他們需要的是媽媽和爸爸兩個人的愛。孩子心裡會這麼想，如果自己回答「我喜歡媽媽」的話，爸爸可能就會討厭自己。同樣地，如果自己回答「我喜歡爸爸」的話，媽媽可能就會離開自己，這樣的想法會讓孩子的心情變得非常沉重。同時又會擔心如果自己說比較喜歡媽媽的話，爸爸會因此受傷，甚至還會因此產生罪惡感。

以開玩笑的方式提出的疑問，可能會對孩子造成傷害

明明是爸爸媽媽先問，自己才會開口回答的，但沒被孩子選擇的父母卻總是會做出一些讓孩子感到為難又委屈的反應。當孩子選了媽媽之後，爸爸說：「對妳這麼好也沒用，之後爸爸不會再買禮物給妳了」、「以後爸爸不要再開車載你了」。當孩子選了奶奶之後，媽媽說：「以後媽媽都不送你去幼兒園了，你之後就叫奶奶帶你上下學吧！」一面對媽媽這樣的反應，孩子自然感到很慌張，感覺自己陷入困境的孩子委屈地哭了起來。

有些父母可能會說自己只是開個玩笑而已，孩子怎麼可能當真，但事實正是如此。孩子和大人不同，對於具有相對性的比較，他們的心理上的反應會比大人還要強烈。這個時期的孩子，關係的信任和安全感尚未完全建立起來，經常會陷入可能會被拋棄的不安之中。也是因為如此，就算在父母眼裡是微不足道的小事，孩子可能也會把它當成是非常嚴重的事情看待。如果想要耍耍嘴皮子，跟孩子開玩笑的話，請等他們長大一點再說。等孩子變成青少年之後，反倒會變成媽媽因為孩子開的小玩笑而受傷，要求孩子好好說話。

請尊重孩子的選擇，不要強迫他們做任何事

如果認為孩子不喜歡自己，只喜歡奶奶的話，可以試著坦率地向孩子表達自己的想法。「寶貝女兒！奶奶會做很多好吃的東西給妳吃，也經常會陪妳玩，所以妳很喜歡奶奶對吧？但媽媽其實有點難過呢！因為就算奶奶沒有叫妳抱她，妳也會主動去抱奶奶，卻不會來抱媽媽……媽媽真的很愛妳，但妳好像不知道。媽媽希望妳也能多喜歡我一點，媽媽也會更努力的。」媽媽這種溫暖又坦率的告白能夠感動孩子，同時也能幫助孩子思考對方，也就是媽媽的感受。

要和別人一起過生活，最基本的態度就是理解並接受對方的感受，同時坦率地表

達自己的感受，但不要將自己的期待強加在對方身上。不管孩子是只喜歡媽媽，還是只想跟爸爸玩，造成這種情況的原因其實就是父母自己。如果父母自己造成了這種情況，卻不願意接受孩子真實的感受的話，孩子可能會感到有些混亂，不知道如何用正確的態度對待他人。像是在事情不如意、朋友不懂自己的感受、覺得傷心的時候，可能會將自己的願望和期待強加在對方身上，做出無理的要求，因為孩子就是父母的鏡子。

父母有時候也會對孩子感到失望，或是傷心，但大人們必須要做孩子的好榜樣，用正確的方式表達自己的感受，並為孩子示範解決的方法。我會一直為此時此刻正在為此努力的爸媽們加油的！

打造孩子的心18

當孩子表達偏激時，不要跟著說出過分的話

當孩子說了聽起來很嚇人的話，放任不管也沒問題嗎？

一個孩子因為不願意去上幼兒園，於是媽媽就告訴他：「好吧！不想去就不要去。」接著自己在家帶孩子，一直帶到他五歲，孩子還是沒開口說想去幼兒園。到孩子六歲的時候，因為過兩年就要上小學了，媽媽的心開始感到不安。原本想說是本來的幼兒園不適合孩子，所以替他換了另一間，也試著縮短待在幼兒園的時間，這名媽媽用了各式各樣的方法，但還是無法讓孩子乖乖去上學。

所有方法都試過之後，媽媽覺得再這樣下去不行，所以決定不管孩子哭不哭，直接把他交給老師，快速離開現場。這時候孩子說：「我要用刀子刺媽媽！」接著在幼兒園門口放聲大哭。聽到這句話之後，媽媽哭了一整天，完全不想看孩子，晚上也睡不著覺。

孩子們偶爾會用爸媽無法想像的話傷害父母的心，例如討厭弟弟的孩子會說：「把弟弟丟進馬桶裡」或是「把弟弟賣到超市去」。對媽媽心懷不滿的孩子會說：「媽媽，等我二十歲，我會抽很多菸，然後很快就死掉！」等嚇人的話。

爸媽聽到這樣的話，除了感到慌張之外，心裡也會感到不安，擔心自己是不是沒有把孩子養好。接著開始懷疑起孩子這種說話方式是跟誰學的，對著孩子大吼大叫、大聲責罵，一副坐立不安的樣子。看見爸媽這樣的反應，孩子會用更加偏激的話語來打擊父母。因為孩子說那些原本就是想讓爸媽變得惶恐不安，讓爸媽更關注自己。所以當爸媽表現出來的反應比平時還要更大，將所有注意力都放在自己身上的時候，孩子就會覺得自己的目的達到了。

對孩子來說，無論爸媽的反應是正面的還是負面的都不重要，因為他的最終目的就是要爸媽將注意力放在自己身上。基於這樣的目的，上述這些會讓爸媽受到極大打擊的話語是再適合不過的了。

負面的言語表達也是孩子發展的特性之一

為了理解孩子為什麼會說這些可怕的話，我們必須要先知道這兩點。第一點，孩子不會只說自己看過或聽過的話。第二點，相對偏激的表達方式也是孩子發展的特性之一。

我試著用比較具體的方式進一步說明。孩子並不是只會說自己所看過或聽過的話，而是能夠在語言裡添加創意，創造出不同語言的說話者。例如三歲的孩子看到鞋子上沾了泥土，可能會說那是「怪物鞋」；當奶奶問孩子「長大後想成為什麼樣的人」的時候，六歲的孩子回答了「金龜婿」，這些都不是孩子從大人那邊聽到或看到的回答。

如果衣服或鞋子上沾到髒東西，大人會對孩子說：「髒髒，髒鞋鞋」或是「好髒！這雙鞋子很髒，不要碰喔！」但在孩子的思考邏輯裡，「沾到泥土＝討厭的東西或不好的東西＝怪物」，因此他們會自己創造出「怪物鞋」這個詞語。當被問到長大後想成為什麼樣的人的時候，大人多半會期待孩子說出警察叔叔或醫師等夢想中的職業，但孩子聽到這句話會產生這樣的聯想，「奶奶喜歡的人，我想成為的人＝金龜婿，爸爸」，給出大人們完全摸不著頭緒的回答。

孩子們能夠創造出有趣、出乎意料、孩子氣的語言，與此同時，他們也會創造出負面、可怕的語言，也正是因為如此，他們才會說父母完全無法想像，又無比嚇人的話。這時候如果爸媽問孩子：「你是跟誰學的？」並將這個錯怪到別人身上的話會發生什麼事呢？因為錯不在自己，所以孩子並不需要對這個失誤負責，也完全不會有「下次不能再這樣說話了」的罪惡感。

那些用來恐嚇孩子的話一點幫助都沒有

孩子和大人不同，他們具有獨特的發展特性。因為孩子還處在**細分情緒**的過程中，所以他們不僅還不知道自己情緒的程度到哪，也很難用適當的情緒詞語來表達。要這個時期的孩子分辨情緒，分出哪一種是一分的負面情緒，哪一種是十分的負面情緒是非常困難的。所以只要孩子覺得心情不好，就有可能用十分的表達方式。在孩子的思考邏輯中，「媽媽逼自己去根本不想去的幼兒園＝討厭、憎恨的情緒＝能夠表達自己怒氣的話中最極端的話＝用刀刺」。另一個例子，「媽媽每天都因為加班很晚回家＝生氣的情緒＝媽媽最討厭的話＝抽菸」，最後孩子選擇用抽菸這句話來表達自己很氣媽媽。

孩子因為媽媽接自己的時間比預期的還要晚而生氣的時候，可能會說出像「我要讓媽媽流血，讓妳很痛很痛！」這類可怕的話。如果這時候媽媽對著孩子大吼：「你怎麼可以打媽媽？你知道讓媽媽流血會發生什麼事嗎？你會被警察叔叔抓走。而且媽媽流血就必須要去醫院，你從今以後再也見不到媽媽了。」用這種方式恐嚇孩子的話，情況是無法改善的。

如果孩子說話的方式太過頭，請冷靜並堅定地告訴他這是不對的

孩子會說一些偏激、可怕、嚇人的話時，大多都處在生氣的狀態。爸媽不應該在孩子感到憤怒、不安的時候跟著一起生氣。對尚未成熟的孩子來說，調節情緒是非常困難的，這種時候如果爸媽也跟著大吼大叫，跟著生氣的話，只會讓孩子看到大人無法控制自身情緒的模樣，孩子日後很有可能會模仿大人這樣的行為。

當孩子用他認為最傷人的話來表達自己非常生氣的時候，大人們第一件要做的事就是讓孩子知道我們理解他的心情。充分理解孩子的情緒和想法後，就應該以堅定的態度對孩子錯誤的行為進行「限制」。設下限制和訓斥完全是兩回事，這可以說是一種防止孩子因為錯誤的行為誤入歧途的防護網。對孩子的行為設下限制的時候，最重要的就是爸媽的態度要保持冷靜，且將聲調放低，不能讓孩子看見自己過度激動、驚訝、失望等方寸大亂的樣子。請看著孩子的眼睛，用低沉且果斷的嗓音這麼對孩子說吧！

「兒子，媽媽沒有早點來幼兒園接你，所以你很生氣對吧？其他小朋友都走了，只剩下你一個人在這裡等，你一定非常生氣。但你說要讓媽媽流血，這讓媽媽覺得很難過。媽媽以後會努力不遲到，早一點來接你的，你也要答應媽媽，不要再對媽媽說不好聽的話了。我們兩個向彼此道歉吧！媽媽太晚來接你惹你生氣了，你也用不好聽的話傷了媽媽的心，兩個人都應該要跟對方說對不起，那就由媽媽先跟你道歉吧！」

育兒秘訣

父母解決爭執的樣子能夠促進孩子的社會性發展

當在不同的環境中成長，想法也不同的人要一起生活時，爭執就必定會發生。我們的孩子未來也會和父母、兄弟、同齡人、老師、親戚和周圍的人們建立關係，過程中也會經歷無數次的爭執。可能會遇到總說自己壞話的人，並為此感到委屈，也有可能在並非出於本意的狀況下與人產生誤會。即使沒有犯什麼錯，還是會出現莫名討厭孩子，試圖孤立他的人，即便這種狀況根本就不應該發生，也避免不了。

每個人都會經歷爭執，但如何看待爭執，用什麼方式解決就因人而異了。孩子們在建立自己看待並解決爭執的標準時，比起透過特定的公式或理論學習，更多的情況下是在觀察父母的人生的過程中，直接或間接地進行體驗，並內化成自己的標準。另外，隨著孩子的年紀增長，他們也會從某個瞬間開始評價父母解決爭執的方法。「雖然我的爸爸和爺爺曾有過很大的爭執，但他們還是完美地解決了。」、「雖然公司破產了，但我還記得媽媽負責到底的樣子。」

如果父母解決爭執的方式能夠讓孩子感到自豪的話，孩子就會很尊敬自己的父母，且一直陪伴在他們的身邊。相反地，如果父母解決爭執的方式在孩子的記憶裡留下不好的印象，孩子就會開始和父母保持距離，漸行漸遠。孩子會在看著身邊的人解決爭執，和親身體驗中逐漸成長，每個孩子的經驗都不同，而他們的社會性發展程度和幸福指數也會跟著產生差異。

打造孩子的心19

孩子在說話的時候，千萬不能太快就給出判斷

面對犯了錯的孩子們，應該要如何調解才對呢？

如果有兩個以上的孩子，父母們大概整天都會忙得不可開交，總是處於手忙腳亂的狀態中吧！老么哭著要媽媽抱的同時，老大又因為積木排不好而吵鬧的時候，媽媽的心已經亂成一團了。身體只有一個，兩個孩子卻在同時提出不同的要求，這樣的情況總讓媽媽感到身心俱疲，甚至會讓媽媽在無法滿足兩個孩子的需求時，忍不住感到有些愧疚。

如果一直處在這個狀態下，媽媽的耐心就會到達極限，這個時候在平時都能輕聲細語，好好解釋和勸導的情況下，也會無法克制地大吼大叫。只要發生這樣的情形，媽媽就會一整天都覺得心裡不舒服，看著進入夢鄉的孩子們時，甚至會忍不住流淚。媽媽會開始感到不安，想著「孩子們會不會因為我這種易怒的個性變壞呢？」或是「等一下

這樣，等一下那樣的，我怎麼會這樣呢？我在結婚前明明就不是這樣的人啊！現在的我感覺好不像我。」甚至開始責怪起自己。

讓媽媽的耐心幾近極限的情況大多都是兩個孩子吵架的時候。平時看著兩個孩子緊緊抱在一起睡覺時，會覺得那個樣子十分惹人憐愛。當兩個孩子相處融洽，開心地玩在一起時，會覺得能當媽媽真是太好了。相反地，當兩個孩子爆發爭吵，尤其是不但不替彼此掩蓋錯誤，還不停地打小報告，指責對方的時候，媽媽的耐心就會到達極限。

「媽媽！弟弟都不整理東西。」

「媽媽！哥哥都自己想做什麼就做什麼。」

「媽媽！弟弟在玩妳的手機。」

「媽媽！哥哥不分我玩具，全都拿去玩了。」

「媽媽！明明是我先開始玩的，弟弟卻把東西搶走了。」

孩子們為什麼總是有打不完的小報告呢？有時候是因為孩子們年紀還小，有些問題他們無法自己解決，所以需要媽媽的介入和幫忙，但其實大部分的情況下都不是如此。孩子們總是會小題大作，不停地說著對方的缺點。就算告訴孩子：「這種事情不用告訴我！」、「這種事情你們自己能解決」、「告狀是不好的」。不管說什麼，平靜的時光總是撐不了多久，孩子打小報告的行為一天能重複個數十次、數百次。

爸媽不一定非得扮演解決一切問題的角色

想要解決孩子打小報告的內容，必須要先仔細觀察幾個重點。首先是平時家裡的氣氛。如果兄弟倆發生爭執的時候，父母總是扮演那個解決問題的角色，在聽到孩子告狀的瞬間，立刻跑過去教訓另一個孩子的話，就要先從這點開始改變起。

舉個例子，假設弟弟向哥哥借玩具，但哥哥並沒有借給他。弟弟選擇直接搶走哥哥的玩具，生氣的哥哥則打了弟弟。在這種狀況下，大多數的媽媽們都會掐頭去尾，按照「無論在什麼情況下都不能打人」的規定訓斥哥哥，接著用「如果你們要吵架的話，兩個人都不要玩」來終結這個情況。

如果媽媽這麼做的話，哥哥會覺得自己因為弟弟被罵了而生氣，弟弟則是覺得是因為哥哥才不能繼續玩玩具而生氣。每次兩人之間發生爭執的時候，孩子們就會跑向像法官一樣審判誰做錯事，並負責解決爭執的媽媽身邊。被罵的那個孩子成為敗訴的那一方之後，就會渴望在下次的審判中成為勝訴方。在這樣的前提下，孩子們就會時時刻刻等著另一個人做錯事，接著再向媽媽告狀，這樣的情形會一直反覆發生。

如果兄弟姊妹之間發生爭執，媽媽不能只想著要快速解決這件事，應該要認真傾聽雙方的立場，仔細整理好兩個人不同的立場後，讓孩子們知道當他們做出以自我為中心的行為時，另一方會有什麼樣的感受。

弟弟：媽媽，哥哥打了我的頭！
媽媽：我看看，沒事吧？（先查看弟弟被打的部位，再走到兩人玩耍的地方）哥哥先說說看好嗎？發生什麼事了？
哥哥：弟弟說他要這個，我說不行，但他還是拿走了。
媽媽：弟弟想要跟你借，你為什麼不借給他呢？
哥哥：要有挖土機才能蓋房子啊！他拿走我就沒辦法蓋房子了。
媽媽：那這台挖土機什麼時候能結束施工呢？
哥哥：房子蓋好之後。
媽媽：我知道了，明明房子蓋好就可以借給弟弟了，但弟弟沒有等就直接搶走了對嗎？那現在換弟弟說說看吧！為什麼直接把哥哥的挖土機拿走了呢？
弟弟：我跟哥哥借了，但他不借給我。
媽媽：哥哥沒有借你，你很難過，所以就直接拿走了嗎？
弟弟：對。

媽媽：如果跟別人借了東西，對方不借給你該怎麼做才對呢？

弟弟：要等待。

媽媽：沒錯，如果你稍微等一下的話，哥哥就會借你了。但你沒有等哥哥就直接拿走了，所以哥哥也很難過。現在該怎麼辦呢？你們兩個要一直這樣難過下去嗎？還是要和好，兩個人繼續一起玩呢？

哥哥、弟弟：我們要繼續玩。

媽媽：好，兩個人都做了應該要道歉的事對吧？現在跟對方說對不起。

哥哥：對不起，我剛剛打你。這個我用完了。

弟弟：謝謝。對不起，我剛剛直接把玩具拿走了。

在兄弟姊妹的爭執之中，最重要的不是誰做錯的比較多，或是誰做錯的比較少，而是**家人的意義**。家人應該要能體諒彼此，在對方傷心的時候給予安慰，在對方生氣的時候幫他消氣。做為父母，千萬不能在其中一個孩子哭泣或生氣的時候，用只跟其中一個孩子玩，或是無視生氣的那一方來懲罰孩子犯的錯。

請仔細觀察孩子們的個人氣質和差異性

如果孩子中有一個特別常指出其他兄弟姊妹犯下的失誤，就有必要理解孩子的**氣質特性**。對那些聽話、乖巧的孩子來說，最重要的就是遵守規定，他們渴望得到他人認可的欲望也十分強烈。如果這樣的孩子有一個不把父母定下的規矩當一回事，總是不遵守規矩的話，個性乖巧的孩子就會感到不滿，心裡也會充滿不安。聽話的孩子的一言一行中都帶有「規定本來就是用來遵守的，但妹妹總是不遵守規定，這讓我很擔心」、「我都有把東西整理好，好想被稱讚」的想法。

在這種情況下，給個性乖巧的孩子一點權限，讓她去教妹妹會是個不錯的方法。「妹妹不整理東西讓妳很擔心是嗎？那妳可以幫我告訴妹妹為什麼整理東西這麼重要，教她該怎麼整理東西嗎？妳先示範怎麼整理給妹妹看，妹妹就會跟著妳一起做了。」像這樣告訴孩子之後，為「姊姊的整理教學」加油打氣。當妹妹看見媽媽鼓勵姊姊的樣子，就會因為想被媽媽稱讚，開始跟著姊姊一起整理東西。

請和孩子維持一對一的穩定關係

爸媽平時都在什麼時候關心孩子們玩耍的狀況也非常重要。在一般的狀況下，只要孩子們沒有發生爭執，玩得很開心的話，爸媽是不會介入關心的。但如果每次都要等其中一方打小報告，爸媽才介入的話，長時間維持愉快遊戲氣氛這件事就會變得相對困難。所以平常孩子們玩得很開心的時候，爸媽應該也要表達自己的關心，透過稱讚和鼓勵幫助孩子維持愉快的遊戲時間。可以試著對孩子說：「哇！哥哥還會讓弟弟呢！你們玩得好開心啊！弟弟也越來越會拼積木了呢！」製造一點正面、愉悅的氛圍。這時候孩子們會為了繼續維持融洽、愉快的遊戲時間更讓著對方，也會帶著輕鬆的心情玩耍。

最重要的是，爸媽和兩個孩子之間的**一對一關係**必須處在穩定的狀態。請謹記孩子只有在和爸媽形成穩定的一對一關係之後，他們的心理狀態才會變得放鬆，也才能夠和其他兄弟姊妹建立起良好的關係。

打造孩子的心20

教孩子在和朋友相處時該怎麼說話

對孩子來說，同齡的朋友代表著什麼樣的意義？

對幼兒期的孩子來說，朋友是遊戲的對象。遊戲之於孩子是生活的意義與樂趣，同時也是與人溝通的媒介。孩子透過遊戲表達自己的想法和情緒，藉由遊戲形成自我，同時也在遊戲中學會了與他人建立關係的方法。

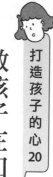

遊戲可以說是孩子人生的全部，那麼陪著孩子一起玩遊戲的朋友自然會被賦予相當重要的意義。無法和同齡人相處融洽的孩子，就算在其他場合，也經常會覺得自己被冷落，覺得孤獨，無法適應新環境的情形也非常常見。除此之外，這樣的孩子無論做什麼事都沒有什麼自信，看起來也不幸福。

對上小學之後的兒童來說，朋友對於他們的意義會變得比過去更大。如果是幼兒時期的孩子，他們還能靠父母和家人滿足同齡人無法滿足自己的欲望。但進入小學後的兒童就不同了，對他們來說，和同齡人之間的關係比和父母之間的關係更加重要。對這個時期的孩子來說，朋友是他們的第一順位，也是最強烈的渴望。

孩子和同齡的朋友一起做無法和爸媽一起做的事，同時也會跟朋友分享自己無法向父母傾訴的秘密和煩惱。和朋友一同體驗在爸媽那裡無法得到的自由、脫離和挑戰，從中獲得快樂、愉悅、勇氣和滿足感，慢慢地為離開父母，成為獨立的個體做準備。

當然，這一切之所以可行都是因為有朋友。如果孩子沒有朋友的話，不僅會對孩子的成長帶來不好的影響，也會讓生活變得不幸，所以孩子只好想盡辦法不讓朋友離開自己身邊。

有些孩子可能會因為害怕孤獨，對朋友過度執著

那麼如此需要朋友的孩子，會用什麼樣的方法確認「你和我是世界上最好的朋友」呢？那就是不讓自己想留在身邊的朋友和別人一起玩，控制朋友的行動和環境。

「你不要跟他玩，跟我一起玩吧！」

「你跟他玩的話就等於是跟我絕交，我以後都不買冰淇淋給你吃了。」

「她沒有把妳當作是最好的朋友，比起妳，她更喜歡熙真。」

「你不要跟他手牽手走路。你不要跟他一起回家，你要跟我一起走才行。」
「如果你去他們家玩，我以後就不讓你來我們家了。」

當然不是每個孩子都會像這樣，以強硬的手段控制朋友的想法和行為，照自己的意思隨意擺布對方。想要把自己喜歡的朋友留在身邊，是每個孩子都會有的渴望，但就像大多數的孩子都有自己的意見和想法一樣，因為知道每個人都有自己的意見和想法，所以不會肆意地命令或控制朋友。

不過心理上對關係存有不安，以及低自尊的孩子就有可能會對朋友非常執著。

因為父母偏心而被忽略的孩子
因為父母的養育方式充滿控制，幾乎沒被關心過自身情緒的孩子
因為父母離婚，與家人分開的孩子
因為父母都在工作，大部分的時間都是一個人孤單度過的孩子
在父母身上得不到溫暖，沒有得到完善照顧的孩子
因為養育者從孩子嬰兒時期開始就多次更換，成為不安全依附型的孩子

初期關係不穩定、不健康的孩子們會對拋棄產生不安，而這樣的不安會成為永久的

心理創傷。這類型的孩子非常害怕朋友離開自己，因為他們害怕朋友離開之後，自己可能會再次變成獨自一人。這種對被冷落與孤獨的不安已經在孩子的心靈深處扎了根，所以他們會對願意傾聽自己心聲的朋友非常執著。這類型的孩子內心充滿了不安與傷痛，根本無暇顧及別人的心情和感受。

請幫助孩子，讓他們有能力結交新的朋友

對朋友的執著和自尊感有著相當緊密的關聯性。高自尊的孩子有「無論是誰都會喜歡我」的**自我安定感**、「無論什麼事我都能做好」的**自我效能感**以及「就算遇到困境，我也能自己解決問題、克服困難」的**自我控制力**。這樣的孩子不會執著在某個朋友身上，因為他擁有能夠和其他朋友建立起新關係的力量。

反觀低自尊的孩子，因為對自己沒有信心，也害怕適應新的環境，所以會執著於現在的關係，無論如何都不想放手。

就讀小學二年級的度媛非常喜歡她的同班同學秀玄。度媛和秀玄一年級的時候就是同班同學，兩個人從一年級上學期開始就都玩在一起。度媛認為秀玄是她最好的朋友，但秀玄和其他人也處得很好。從一年級下學期起，度媛就對很受大家歡迎的秀玄產生了執著。度媛堅持要去秀玄補習的那家補習班補習，每天都想要去秀玄家玩。只要看到秀

玄和其他小朋友一起玩，度媛就會很生氣，很不開心。

有一天，度媛的媽媽接到了秀玄媽媽打來的電話，秀玄的媽媽說秀玄因為度媛的關係很痛苦，在家哭個不停。度媛的媽媽將這件事告訴了度媛。

「妳有妳的想法，秀玄也有她自己的想法啊！妳就跟秀玄一樣找別的朋友玩就好了，為什麼非得要跟秀玄一起玩不可呢？秀玄說妳都不讓她跟其他人一起玩，讓她覺得很痛苦。秀玄現在連補習班都不去了，這全是因為妳的關係！」

雖然度媛的媽媽也是因為感到鬱悶才會這麼說，但厲聲訓斥一個對朋友有執著的孩子，對事情是不會有任何幫助的。原本以為媽媽一輩子會站在自己這邊，但現在卻發現就連這樣的媽媽似乎也不理解自己的心情，在這樣的情況下，孩子只會更執著於那個唯一站在自己這邊的朋友，變得更不想要失去這個人。

如果妳的孩子跟度媛一樣的話，請試著以這種方式開導孩子。

「妳是擔心秀玄和別的小朋友一起玩的話，就沒有人跟妳一起玩了，所以才不喜歡秀玄跟其他人當朋友對嗎？但如果想要成為真正的好朋友的話，就要讓朋友去做她真正想做的事情喔！如果一直要求朋友按照妳的意思行動的話，那個朋友就會覺得自己的想法被無視，因此感到難過。一直照著別人的指示做事情，心情也會變得鬱悶。妳要不要試著想想秀玄想要的是什麼呢？」

如果孩子執著於某一個朋友，試圖控制對方，又或者是排擠別人，為了拉攏其他朋友，做出過分的行為的話，請各位一定要一一檢視孩子的幼年時期的關係和自尊感。另外，請試著去理解孩子擔心自己會變成孤單一人的心情，陪著孩子一起思考與人交朋友的時候應該怎麼做才對。

育兒秘訣

如果孩子對某一個朋友很執著的話，請試試看「情緒指導四階段對話法」。

1. 第一階段：對孩子的想法表達共鳴

「因為朋友除了你之外，還會跟別人一起玩，所以你擔心自己會變得孤單對吧！媽媽小時候也跟你有過一樣的想法喔！」

2. 第二階段：幫助孩子認識客觀情況

「即使如此，也不能要求朋友都不能和別人玩，只能和你一起玩。朋友也很想跟別人一起玩，我們是無法控制別人的想法的。」

3. 第三階段：和孩子一起尋找合理的替代方案

「當你的朋友想和別人一起玩的時候該怎麼辦呢？你也去找別人玩怎麼樣？又或者是加入你喜歡的那個朋友，還有他想一起玩的人之中，三個人一起玩感覺也不錯呢！」

4. 第四步驟：尊重孩子的選擇

無論孩子最後做出什麼樣的決定，都照著他的意思做。根據情況和對象的不同，尊重孩子的情緒也是非常重要的。如果不是什麼大問題的話，就放寬心好好觀察吧！

打造孩子的心21

指責人格的話語會暴露出憎恨的情緒

為什麼孩子的弱點會和父母的弱點一模一樣呢？

父母和孩子長相非常相像，像到只要一看到臉就能夠認出來。我突然想起以前在幼兒園工作時的一段經歷。那天是家長的教學觀摩日，當天有兩百多名父母來到活動現場。雖然是第一次見到學生的家長，但一看到他們的臉，立刻就會說出：「啊！是某某班某某某的爸爸媽媽嗎？」接著腦海中浮現那名孩子的臉。因為這樣的例子不在少數，我自己都嚇了一大跳。

雖然不是百分之百地遺傳給孩子，但無論是外表、給人的感覺還是個性，孩子都會和父母十分相像，這是再自然不過的事了。就算除了遺傳之外，人類還會受到環境的影響，但結果基本上不會有什麼差異。因為父母是孩子相處時間最長的兩個人，父母塑造的家庭環境對孩子的影響也非常大，所以孩子自然會下意識地把父母當成是榜樣，並將他們的特質內化成自己的。

這邊所指的內化，並不僅僅只是單純地模仿父母的一言一行，而是直接吸收父母的價值觀、信念和態度等等特質。舉例來說，如果父母的關係和睦的話，大部分的孩子個性都會比較活潑開朗；如果父母和藹可親，孩子就會成為一個溫暖的人；如果父母是精打細算、節儉的人，孩子相對也會比較儉樸，這些都是因為孩子將父母親的特質內化了的緣故。

如果孩子只像到父母的優點就好了，但問題是現實並非如此。有時候會覺得孩子的弱點似乎和父母的弱點一模一樣，而且偏偏還是那個希望孩子絕對不要像到的弱點。這種時候比起惋惜，有些父母甚至會在某個瞬間為此感到有些生氣。

在仁媽媽：我經常因為太過彆扭又畏首畏尾的個性被媽媽罵，但我的孩子偏偏跟我一模一樣。雖然心裡希望孩子不要像到我，但又很擔心他會成為跟我一樣的大人。

小燦媽媽：我念書的時候沒有什麼朋友，所以經常覺得很寂寞，每次要升上下一個年級的時候，我都很擔心不能跟自己喜歡的朋友同班，心裡總是充滿不安。因為深知這樣有多痛苦，多孤單，所以希望我的孩子能多交一些朋友，成為一個社會性好的人。看到孩子和過去的我一樣，只執著於一個朋友身上的時候，我感到非常生氣，因為我很清楚這麼做，到頭來受傷的只有自己而已。

情緒能夠分為**第一情緒**和**第二情緒**。第一情緒是身體對某種外部刺激做出的反應，也就是情緒的本質。而第二情緒則是根據第一情緒的反應，表露出來的情緒。

小燦媽媽對小燦的第一情緒應該是惋惜、心疼和憐憫等情緒。害怕自己心愛的孩子會受到傷害，所以感到心疼。小燦媽媽表達出來的第二情緒則是從惋惜和憐憫衍生出來的情緒，也就是憤怒。

因為無法看到在父母內心的第一情緒，孩子只會感受到被表達出來的第二情緒——憤怒。看到媽媽生氣的樣子，孩子除了感到驚慌失措之外，還會對媽媽感到失望。孩子因為擔心朋友離開自己而感到不安，心裡非常渴望媽媽能夠心疼自己，給自己一些幫助。但媽媽不僅沒這麼做，反倒對自己發脾氣。看見媽媽這個樣子，孩子會產生「反正跟媽媽說也沒有用」、「媽媽每天都在生氣」的誤會。

除此之外，其實孩子的弱點和父母的一模一樣，很有可能只是父母自己主觀的想法。因為孩子還有許多不足之處，所以在各方面都會顯得很生疏，本來就會經歷在失敗中學習的過程。不過對父母來說，比起從失敗中學習的過程，他們更在意孩子做出生澀、笨拙的舉動這件事。但如果孩子和父母的個性正好相反，真的會比較輕鬆嗎？如果孩子的個性非常豁達，不像父母那樣，無論做什麼事都顧慮很多的話，他大概也不會有跟父母一樣的優點——沉穩、冷靜。這時候可能還會被說到底是像到誰，怎麼會這麼散漫呢！

請不要用跟父母有同樣缺點的話來責怪孩子

有一些孩子的缺點剛好和爸爸很像。如果孩子跟懶惰的丈夫一樣，總是使喚媽媽，什麼都要媽媽幫自己做的話，媽媽可以在有情緒的時候，試著使用**我訊息溝通法**。

● **第一個步驟：誘導孩子自己注意到現在的情況**

「你可以看一下媽媽和你現在正在做什麼事嗎？媽媽在洗碗，而你在看電視。」

● **第二個步驟：表達媽媽的情緒**

「你明明就沒在忙，卻使喚媽媽做事，媽媽快要生氣了。」

● **第三個步驟：表達媽媽的要求**

「如果你在忙，需要幫助的話，媽媽可以幫你沒問題。但我覺得你現在的狀況並不需要幫助，你自己去拿來吃吧！」

如果夫妻感情好的話，可說是不幸中的大幸。有些夫妻的關係原本就不和睦，孩子偏偏又像到丈夫最惹人厭的那個缺點，這種時候媽媽心中的憤怒便會一發不可收拾，甚至會覺得看到孩子就討厭。有時候還會因為害怕和丈夫吵架，把那些說不出口的話全都說給年幼的孩子聽，傷害了孩子幼小的心靈。

一對夫妻離婚後，就讀小學三年級的女兒跟著爸爸還有奶奶一起生活，每個月只在約定好的那兩天和媽媽見面。隨著孩子逐漸步入青春期，奶奶開始覺得孫女變得越來越難應付。奶奶說：「那不懂得忍耐的個性就跟她媽媽一個樣，她媽不也是因為容忍度太低才離婚的嗎？」

女孩雖然想要和媽媽一起生活，但這不是她能夠決定的。於是每次見到媽媽，女孩就會不停抱怨爸爸和奶奶。這時候媽媽就會說：「妳爸爸本來就是這樣的人，只要不如他的意就會亂發脾氣，無視身邊的人，以為全世界就他最了不起。」

孩子和父母是要相處一輩子的關係

就算夫妻離婚了，兩人對孩子來說也都還是這世上獨一無二的爸爸和媽媽，這是無法改變，也不能改變的事實。更何況孩子並不是像媽媽那樣，是在自己做了選擇之後才和爸爸建立起關係的。指責無法透過自己的決定和爸爸斷絕關係的孩子「個性就跟她爸爸一樣差」或是「自己什麼都不做，只會欺負別人，要別人幫她弄東西吃，簡直就跟她爸一個樣」，對改正孩子的行為是沒有任何幫助的，只會引發埋怨、羞愧和憤怒而已。

攻擊父母其中一方的個性或人格，就等同是在否定孩子。不是有句話說孩子是父母「愛的結晶」嗎？對孩子來說，那些針對父母其中一方的否定，都像是在指責「愛的結晶」，也就是自己，這樣的指責同時也可能會對孩子造成傷害，這點請各位一定要銘記在心。就算孩子犯了再大的錯誤也是一樣，指責孩子的人格或個性是非常不可取的行為。想要矯正孩子的行為，必須要幫助孩子正確地理解目前的情況，一起針對做錯了什麼事、父母的情緒和正確的處理方式做更進一步的思考。

打造孩子的心 22

教孩子要怎麼用有禮貌的方式和朋友說話

為什麼邀請孩子的朋友來家裡玩會發生爭執呢？

就讀小學二年級的泰熙從早上開始心情就非常好，因為她今天邀請了兩個朋友到家裡玩。其實泰熙從很久之前就想要邀請朋友來家裡玩了，但一直因為時間無法配合等原因不斷延期。因為是好不容易才辦成的派對，泰熙昨晚還興奮得睡不著覺。一想到放學後能夠回家和朋友們一起玩，泰熙一直盼著下午能快一點到來。朋友們來到泰熙家後，泰熙為朋友們展示了自己房間裡那張漂亮的床，接著拿出自己喜歡的娃娃、首飾盒和美勞遊戲材料等各種物品，不停地向朋友們炫耀。

「這些妳們拿去玩，但是不可以弄壞喔！如果弄壞了，妳們要買新的還我。」

前二十分鐘，媽媽還能聽到孩子嘰嘰喳喳的說話聲和笑聲，但不知道從什麼時候開始，突然變得非常安靜，泰熙的媽媽感到有些不對勁。平時泰熙和朋友們經常會發生爭執，這次也是下了很大的決心，才讓泰熙邀請朋友來家裡玩的。泰熙媽媽小心翼翼地將耳朵貼在泰熙的房門上。

「喂！妳玩這一個！妳玩那一個！」

泰熙媽媽有預感孩子等等一定會發生衝突，因為泰熙一直用自己對妹妹的方式對待朋友們。泰熙媽媽貼得離房門更近了一些，她聽著孩子們的對話，心中越來越不安。聽起來泰熙的朋友們在一旁玩著美勞遊戲，泰熙則是自己一個人玩。下一秒，泰熙突然提高音量。

「喂！這些東西在我家，所以都是我的東西，妳們都不准碰！」

正如泰熙媽媽所料，最後還是爆發了衝突。泰熙媽媽覺得再這樣下去不行，想進去罵罵泰熙。偏偏這時候其中一個小朋友的媽媽來到了泰熙家，慌張又傷心的孩子一看到自己的媽媽就哭了起來，接著朝媽媽跑了過去。

我記得我小時候也曾經邀請過朋友們來家裡玩，我們一起吃了媽媽做的辣炒年糕、蒙在被子裡頭打滾，還一起玩了紙娃娃。也不知道究竟在開心什麼，到現在我都還記得當時和朋友們一直笑個不停的樣子。

邀請朋友到自己家裡，或是被邀請到朋友家裡一起玩的經歷，能夠帶給孩子特別的回憶。除了能夠脫離老師或父母的控制，享受暫時變得自由的感覺之外，同時也是個能擺脫其他人的干涉、介入和嫉妒的視線，和朋友們變得更加親密的絕佳機會。無論是被朋友們邀請，還是朋友答應了自己的邀請，光是能夠成為派對裡其中一員這件事，就能讓孩子感受到莫大的喜悅了。因為在學校裡，孩子們經常會依照被朋友邀請的次數做人氣排名，沒有被朋友邀請的孩子多少會有種被排擠的感覺。

但現實中的派對不一定會照著自己所期待的那樣，都只有美好的一面。如果沒事先弄清楚身為一名派對的主辦人應該要具備什麼樣的態度，遵守什麼樣的規定和禮儀，就草率地邀請朋友來家裡玩，屆時派對就很容易朝著和自己預期背道而馳的方向發展，弄得大家都不開心。更嚴重的狀況，就是像上面所舉的例子那樣。原本其他家長只是聽說自家的孩子不是很好相處而已，現在卻是親眼目睹孩子做出不好的行為，這樣的情況可能會使得孩子們日後斷絕來往，又或者是演變成最糟的情況——大人們也跟著發生爭執。

孩子邀請朋友來玩時必須要做些準備

一般來說，我們在邀請某個人的時候都會做很多準備，例如精心準備對方喜歡的食物，制定計畫的時候將對方的移動路線列入考量，避免造成對方的麻煩。孩子邀請朋友來家裡玩的時候也必須要做一些準備。

如果孩子想要邀請朋友來家裡，父母應該要先教導孩子什麼是招待客人的基本態度。例如不能因為是在自己家裡，就覺得自己可以控制朋友的行為；又或者是不時關心朋友的需求，盡量不要讓他們感到不自在。

家這個空間是一個相當特別的場所，從邀請者的角度來看，家是最舒適、最熟悉的地方，同時也是一個能夠樹立自己權威的空間。因為所有的物品都是自己的，所以非常清楚這些物品背後有什麼樣的故事，應該在什麼時候使用，以及該怎麼使用。無論朋友問了什麼樣的問題，隨時都能夠為他們說明和示範。相反地，從受邀者的角度來看，這個空間的所有事物都很陌生，一直處在緊張、小心翼翼的狀態之中。能不能碰、能不能使用，時時刻刻都需要取得主人的許可。

空間本身就已經讓人夠緊繃的了，如果邀請者這時候還試圖控制自己的一舉一動，受邀的朋友心情就一定會受到影響。如果邀請者父母的養育方式充滿控制，或是平時無法在同齡人那裡得到認可，問題就會變得更加嚴重。在控制型的父母底下長大的孩子已經習慣了父母的指使與控制，所以只要一找到機會就想控制他人。對於這類型的孩子來說，家這個空間正好是最適合用來控制他人的場所。處在這樣的空間，孩子就會展現出想要占上風、控制對方的本能，開始對朋友下達「摸這個」、「玩這個」、「不要弄那個」等指示。

平時沒有在同齡人那裡得到認可的孩子也一樣。平常孩子說的話和行動無法對他人產生影響力，但當場景換到自己家裡後，孩子所說的每一句話都能對朋友的行動造成影響。對這類型的孩子來說，大概沒有比這更幸福的時刻了。

當孩子想要邀請朋友來家裡玩的時候，第二個要準備的是熟記對待朋友時的禮儀，為自己制定一些應該遵守的規範。在這裡，禮儀指的是能夠和朋友分享自己玩具的心理準備。原本家裡所有的玩具都屬於住在這個家的孩子，但在孩子決定邀請朋友的瞬間，我的家就成了一起度過一段時間的空間，我的玩具也必須成為能跟朋友一起玩，一起分享的玩具。

舉例來說，孩子一個人在家玩耍的時候，玩具是屬於他一個人的。但當孩子是和弟弟或爸媽一起玩的時候，玩具必須要成為雙方共有的玩具，這樣才能玩得盡興。就像和家人一起玩的時候有特定的規範和禮儀一樣，邀請朋友來家裡玩的時候也應該要是如此。如果有自己非常愛惜，真的不想和別人分享的東西，記得要在朋友們抵達之前藏起來，在朋友們離開之前都不要拿出來。

父母的細心觀察與調解能阻止爭執的發生

如果基本的準備都有做好，就能事先解決掉一半以上邀請朋友時可能會出現的問題。即便如此，還是無法保證整個過程都會很順利。孩子是以自我為中心在思考的，他們與同齡人的關係之中不存在各式各樣的社交技巧，在這樣的狀況下，會發生爭執是再自然不過的了。如果孩子們自己待在房間裡玩，父母們則是待在客廳喝咖啡，一旦這樣的情況持續了一個小時以上，孩子之中多半就會有人因為生氣或覺得受到傷害先離開。

如果孩子邀請朋友到家裡來玩，父母在假裝沒在看他們的同時，也要留心觀察孩子們的言行。這樣才能在發生了讓孩子感到難過的狀況時，及時表達理解，並給予安慰。如果有人傷害了朋友，就要以輕鬆的態度進行調解。父母的細心觀察、鼓勵和調解，能夠有效減少發生嚴重爭執與事件的風險。

如果跟上面的例子一樣，孩子在邀請朋友來玩之後，完全不顧朋友的心情，或是一直試圖控制朋友的行動的話，父母應該做的不是在朋友們也在的場合上直接指責孩子，而是要靜靜地走到孩子身邊，告訴孩子自己有話跟他說，把孩子叫到別的地方談話。

如果發現孩子邀請朋友來家裡玩之後，做出一些令人感到不舒服的言行舉止，請試著用下面的對話方式和孩子談話。在和孩子談話的時候，請確保周圍沒有其他人，且要看著孩子的眼睛，用堅定的態度對他說話。

媽媽：邀請朋友們來家裡玩得開心嗎？

孩子：（不知道自己已經傷到朋友的心了）嗯，很好玩。

媽媽：是只有妳覺得好玩，還是其他朋友們也覺得很好玩呢？

孩子：（多少察覺到媽媽的意思）朋友們應該也都覺得很好玩吧？
媽媽：但在媽媽看來，妳的朋友們好像覺得不太好玩呢！妳覺得為什麼會這樣呢？
孩子：（靜靜地思考。）
媽媽：如果朋友邀請妳去她家玩，對方一直說：「妳玩這個」、「不要碰這個」的話，妳會有什麼感覺呢？媽媽是不是跟妳說過，如果想邀請朋友來家裡玩，就要做好身為邀請者的心理準備對吧？妳還記得是什麼樣的心理準備嗎？
孩子：跟朋友們一起玩玩具，照顧朋友的感受。
媽媽：沒錯，妳有好好記住呢！如果想要大家一起開心地玩耍，就要遵守這個規則。如果再發生只有妳開心，其他朋友卻不開心的情況，媽媽會很失望的。而且在妳真的做好邀請朋友時所要做的心理準備之前，媽媽可能會有很長一段時間都不會再讓妳邀請朋友來家裡玩。妳覺得自己能不能好好表現呢？

在談話的過程中，父母要幫助孩子思考發生了什麼事、自己原本的用意是什麼、朋友們又有什麼樣的感受。接著再次提醒孩子邀請朋友來家裡玩時，應該要有什麼樣的態度，維持什麼樣的禮儀，讓孩子知道如果不遵守這些原則可能會發生什麼事，給孩子一個小小的警告。在對話順利結束之後，爸媽也不要忘了給孩子一個燦爛的笑容，鼓勵孩子主動去和朋友們一起玩耍。

想培養出高社會性的孩子，爸媽該說什麼樣的話

- 在孩子使用很激烈的話語表達自己的心情時，父母必須要先表達自己理解孩子的心情。在充分地了解孩子的感受和心情之後，就要用堅定的態度「限制」他們錯誤的行為。在孩子使用了較偏激的表達方式時，父母不能表現得太過慌張，要用沉穩的聲音好好地對此做出適當的反應。

- 兄弟姊妹之間出現紛爭時，父母不能總是想著要直接結束混亂的狀況。爸媽應該要在孩子們表現出自我中心的行為舉止時，告訴他們其他兄弟姊妹的立場，讓孩子去思考別人會有什麼樣的感受。除此之外，也要謹記家人的意義以及父母和孩子之間穩定的一對一關係有多麼重要。

- 假如孩子對朋友表現得過於執著，總是想照自己的意思控制朋友的行動，在排擠某些人的同時，又不停拉攏著其他孩子的話，爸媽一定要好好檢視孩子幼年時期的關係和自尊感。對孩子害怕自己變成孤單一人的心情表達共鳴，

陪著孩子一起思考與人交朋友的時候應該怎麼做才對。

● 批評父母其中一方的個性或人格，就等同是在否定孩子的存在。就算孩子犯了什麼大錯也是一樣，攻擊一個人的人格或個性絕非可取的行為。

● 如果孩子想要邀請朋友來家裡玩，爸媽就要教孩子邀請他人來家裡玩時，應該抱持什麼樣的態度。舉例來說，想邀請他人來家裡玩，就要做好玩具要與朋友一起玩的心理準備。除此之外，在孩子的朋友到家裡拜訪時，父母也要隨時留意孩子們的一言一行，並在孩子發生爭執時及時幫忙調解。

為了爸媽開設的說話課 5

想培養出
懂得解決矛盾的孩子，
爸媽該說什麼樣的話

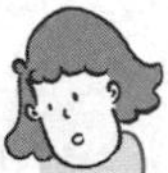

打造孩子的心23

認真與孩子對話，讓他們真心反省自己犯的錯

當孩子欺負朋友時，應該怎麼處罰他才對呢？

在前面的章節中，我們討論了真心的共鳴對孩子調節情緒的重要性，也說明了什麼才叫作真心的共鳴。在這個章節我們要討論幫助孩子調節情緒的第二種方法，也就是**情緒調節示範**。

我想每一位父母應該都思考過關於「體罰」的問題，但我這次想要將體罰和父母的情緒調節示範放在一起討論。對體罰的意見眾說紛紜，像是「講十次還不如狠狠地打一次」、「不能直接動手，但可以用工具打手心」、「女孩子不一定，但男孩子一定要用打的才會聽話」、「到幼兒園的時候還可以打，上了小學後就不能打了」等。人們對體罰的想法不盡相同，除了贊成和反對兩派之外，對於體罰的方式、對象和時機，也有許多不同的看法。

不過兒童精神科醫師、兒童諮商心理師、遊戲治療師等專門處理人們心理問題及情緒的專家們的意見倒是很一致，他們都認為不應該打孩子。我在諮商這個領域學習並執業了許久，從來沒有聽過或看過用打孩子來解決問題行為的例子。

在養育孩子的過程中會有很多感到開心、幸福的時刻，但傷心、憤怒、不安和緊張的情緒也時不時就會冒出來。如果孩子只有在家的時候才會有不好的行為的話倒還好，但如果聽到孩子會動手打人、排擠同學，或是用言語霸凌別人，父母就會感覺自己的世界瞬間天崩地裂。明明自己很用心養育孩子，也不是對孩子不管不顧的父母；明明別人做的自己也都做了，想不透孩子為什麼會變成這樣，甚至會開始埋怨起這個世界。而最傷人也最讓人無法理解的是明明自己就沒打過孩子，有些人卻認為孩子會做出這樣的行為，一定是在家都被父母打，才會有樣學樣。聽到這樣的說法時，父母總是會感覺十分委屈。

這邊有一個一定要記住的重點，那就是體罰的意義和範圍。對那些說「我從來沒有打過孩子」的爸媽們來說，所謂體罰指的大概就是實際上對身體造成的傷害。但其實體罰除了身體上的傷害之外，也包括了言語和心理層面上的傷害。這也是為什麼除了毆打之外，集體霸凌某位同學（心理上的暴力）、言語暴力、欺凌或威脅（精神上的暴力）也都被認為是校園暴力的一種。

就算沒有真的傷害到孩子的身體，爸媽們在不知不覺中對孩子進行了體罰的例子並不在少數。舉例來說，父母時不時就會突然暴怒，對著孩子大吼大叫、指責、威脅、罵髒話，又或者是利用嘆氣聲讓孩子感到畏怯。這些全都屬於言語層面、心理層面和精神層面上的體罰。因為簡單來說，無論是體罰還是暴力，都是指較強大的那一方用充滿壓迫的方式對待弱小的一方。

可能有人會問，目的明明就不同，怎麼能將體罰和暴力混為一談呢？體罰是為了糾正孩子錯誤的行為，暴力是為了折磨對方，這樣看的話當然是完全不同的兩件事。就算目的是好的，但如果方法不對的話，這件事就無法全然被看作是件好事。除了意圖和目的是好的之外，方法也要是正確的，才能說是一件好事。

爸媽要先展現出調節情緒的模樣

如果想要糾正孩子的行為，除了體罰和使用暴力之外，其實還有很多好方法，我們來看看下面這個例子吧！

志勳今年七歲，他的媽媽只要一看到幼兒園老師打電話來，就開始害怕了。今天幼兒園老師也在下課時間打了電話來，不出所料，志勳今天又打了別的小朋友，還絆倒別人、破壞其他人的作品。無論是勸導還是訓斥，什麼方法都試過了，但志勳還是屢勸不聽，真的無法再容忍他的這些行為了。

媽媽：（志動一回到家就拽著他的手臂，強行讓他坐在沙發上）你過來，你今天有沒有打其他小朋友？

志動：不是啊！明明是我先說要做的，結果他……

媽媽：我是不是說過不要動手，要用說的？（不知不覺抬起了手）你也要被打看看才知道有多痛。（用力打志動的頭）痛不痛？你也會覺得痛吧？

孩子學習的管道並不是父母所說的話，而是他們表現出來的態度。志動的媽媽用「你知道你害我多丟臉嗎？」、「我都快被你氣死了，真受不了」這兩句話向孩子表達了自己的情緒。在表達的過程中，志動媽媽拽著志動的手臂，強迫他坐下，接著又不由自主地舉起手打了孩子的頭，表現出無法控制自身情緒的樣子。

前額葉位在我們大腦半球的前端，是進行思考與判斷等高級精神作用的地方。人類能夠進行理性的思考、發揮創意、調節自身情緒、表達共鳴，全都是因為前額葉。孩子的前額葉與成人的不同，因為尚未發展成熟，還無法完全發揮它的作用。一般的情況下，前額葉在孩子滿四歲到六歲的這段期間會快速發展，接著會維持穩定的發展速度，一直到孩子十五歲到二十歲左右。

對前額葉的發展尚不完全的孩子來說，辨識他人的情緒、調節自身的情緒、做出正確的行動都是相當困難的事。想要教導還在發育的孩子如何調節自己的情緒，最重要的就是父母必須以身作則。

在志動媽媽的例子中，試著換成用下面這種方式和孩子溝通怎麼樣呢？如果平時志動下課的時候，媽媽總是會走到玄關幫他提書包，用開心的聲音迎接下課的志勳的話，這天就一改平時熱情的態度，不要走到玄關迎接孩子。另外，如果平時媽媽都會替孩子準備好吃的零食，對著孩子說：「志勳啊！媽媽幫你做了好吃的東西喔！」這天就不要準備任何零食。這麼一來，孩子就會發覺今天的氣氛和平時不同，感覺不太對勁。

志動：（跟平時一樣）媽媽！沒有什麼好吃的嗎？

媽媽：（面無表情地坐在沙發上，雙臂環胸，沒有給予孩子任何反應）

志動：媽媽！媽媽！我在問妳有沒有好吃的東西！妳沒聽到我說話嗎？

媽媽：（僵硬且低沉的聲音）志動，過來這邊坐好。

志動：妳怎麼了？快點啦……

媽媽：（如果孩子打算躺下，或是坐姿不端正時，請立刻讓他坐好）過來這邊坐好！你看媽媽的表情，媽媽的表情看起來怎麼樣？

志動：在生氣。

媽媽：沒錯，媽媽很生氣又很難過。從接到老師打來的電話之後我就開始生氣了，你自己想想媽媽為什麼會生氣。

這時孩子會發現氣氛和平常完全不同，在和孩子溝通之前，必須明確地讓孩子知道媽媽現在要跟他說一些比較嚴肅的事，同時也要幫助孩子做好認真與媽媽對話的準備。此外，不要由媽媽一一點出孩子犯了什麼錯，如果能讓孩子自己說出口效果會更好。如果媽媽用和平時不同的態度對待孩子，用認真的神情與態度看著孩子的表情和眼睛，並引導孩子進行對話，孩子就會了解到「現在不是我能耍賴的情況」，開始和媽媽進行對話。

無論多麼難過、生氣、失望，絕對不能讓孩子看到媽媽無法調節自己情緒的樣子。千萬不能忘記媽媽的錯誤示範只會讓孩子持續原本的問題行為，或是成為另一個問題行為的原因。

打造孩子的心24

培養一個內心堅強，且能夠自立的孩子

如果孩子被朋友打了，應該要怎麼指導孩子才對呢？

我想每一個爸媽都會希望孩子在幼兒園的時候，能夠開開心心地和其他小朋友一起玩。那如果你知道孩子在幼兒園被朋友打了會有什麼反應呢？如果事後還發現這樣的情況發生過不止一次，孩子前前後後被打過很多次呢？如果孩子已經到了能夠用語言表達的年紀，為了了解確切的情況，哪怕是要催促孩子說明，父母也會不計一切地去嘗試。如果在還不會說話的孩子身上發現傷痕的話，光是用傷心、難過，是無法完全表達父母的心情的。與此同時，爸媽會忍不住想，孩子是不是在自己不知道的情況下已經被打了很多次，程度也比這次還要嚴重，內心充斥著不安與恐懼。

教導孩子如何應對各種矛盾關係的技巧

一般來說，父母發現孩子被打的時候大概會有下列這三種反應。第一種是兒子被打的時候，爸爸經常會做的反應。爸爸會告訴兒子：「打回去啊！」、「男子漢怎麼能挨打，後果爸爸負責。」面對這類型的反應，孩子一般都會選擇相信父母的話，打回去。但如果這麼做的話，老師就會對孩子給出負面的評價。原本是受害者，下一秒就變成加害者的可能性很高。如果習慣了用暴力解決問題，孩子未來可能會誤入歧途。

就算父母的反應是要孩子打回去，還是會有些孩子無法還手。背後的原因可能是因為心軟、沒有勇氣，又或者是把「要和朋友和睦相處」的規定看得非常重要。這樣的孩子在聽見父母要自己還手的時候，內心會發生很大的混亂，不知道該遵守規定，還是要聽爸媽的話。在這樣的情況下，未來孩子又和朋友發生矛盾的時候，他們會選擇不告訴父母。如果總是自己一個人隱忍一切，未來孩子就很有可能需要帶著更大的傷口、不安與痛苦生活下去。

第二種則是媽媽們經常會有的反應，媽媽會告訴孩子：「不要跟那個小朋友玩，跟別人一起玩吧！」如果各位是會做出這種反應的媽媽的話，請一定要跟著一起思索下面這個問題。在思考「怎麼做才能讓我的孩子不被打」之前，應該要先思考「我的孩子為什麼會被打」才是。在媽媽看來，動手打孩子的那個小朋友分明就是個具有攻擊性的小孩，那麼為什麼孩子會想跟那樣的人一起玩呢？

仔細觀察孩子們與同齡人相處的情形，就會發現他們選擇玩伴的方式和大人存在著差異。大人們一般都是選擇和自己意氣相投的人做朋友，孩子當然也會找和自己個性相似的人一起玩，不過這只是一部分的孩子，也有不少孩子會選擇和自己個性完全相反的人一起玩。具有攻擊性的孩子動作大、愛講話，時不時還會做一些有趣的表情，就這樣，他們成了生性害羞的孩子所羨慕的對象。另外，這類型的孩子總是能想到很多有趣的遊戲，在這樣的情況下，就一定會有想要和他們變得親近，跟他們一起玩耍的孩子。

在被打了之後，媽媽就要求自己不能再跟那個朋友一起玩，甚至直接打電話給老師，請她幫忙換座位。在媽媽「處理」過後，孩子可能就找不到一起玩的朋友了，又或者是開始覺得幼兒園是個無聊的地方。孩子擁有自己選擇朋友的自主性，但如果媽媽奪走了這樣的自主性，過度干涉孩子的話，就無法成為替孩子指引明路的引路人了。

第三種反應，有些媽媽會問孩子：「你告訴老師了嗎？」要孩子向老師尋求幫助。對於年幼的嬰幼兒來說，想解決矛盾必定需要大人們的幫助，因為大部分的情況下，孩子對「明智的應對方式」了解並不多，而且他們大多都只會站在自己的立場上說話。如果每次遇到困難都要向老師告狀，請求協助的話，孩子有可能會變得太過依賴大人。所以真要說的話，這種反應也不算是個百分之百完美的答案。

覺得那個也不是正確答案嗎？其實以上這三種反應都是孩子必須學習並體驗的社交技巧。如果有人一直瞧不起自己的話，就應該要有好好和對方打一場的勇氣。如果在預料之外的情況下，發現朋友不同於平時的另一面的話，有時會需要先避開。在遇到無法自己解決的狀況時，懂得向大人尋求幫助也是個一定要學會的社交技巧。

請幫助孩子學習對自己的判斷和選擇負起責任

重點是在朋友之間的矛盾和人際關係的問題中，原本就不存在正確答案。因為每個矛盾和問題的情況都不一樣，爸媽根本不可能一個一個地尋找答案。最明智的做法應該是幫助孩子自己決定應該在何時，使用哪一個類型的社交技巧。爸媽必須教導孩子在不同的情況下，試著運用各種社交技巧，並對自己的決定負責。

如果孩子因為被朋友打了而感到委屈，做為父母，最應該做的就是安慰。雖然被打了很痛，但孩子願意告訴爸媽就代表他的心很需要安慰。這時候如果爸媽不停地追問孩子為什麼會被打，為什麼不還手的話，就無法好好地進行對話了。

父母不要試圖給孩子「正確答案」，只要詢問孩子在事情發生的時候，選擇做出什麼樣的回應，接著好好地傾聽孩子說的話就可以了。如果孩子說自己選擇了忍耐，就要就孩子自我調節情緒的行為給予鼓勵。請聽聽看孩子選擇這麼做的理由是什麼吧！接著讓孩子自己進行反思，思考自己做的選擇有什麼優點和缺點，以及這樣的選擇導向了什麼樣的結果。如果能夠一起討論下次發生同樣的情況時，會做出什麼樣的選擇的話會更好。

英明的父母不會直接給孩子答案，也不會強迫他們應該要怎麼做。他們只會把心思花在如何讓孩子的心變得更堅強，還有培養孩子的獨立性上。一位有智慧的母親，會幫助孩子透過各種經驗找出應對方式，幫助孩子從小就開始學習判斷、做選擇，並對自己的行為負責，這樣的經驗會成為孩子主導自己人生的原動力。

父母具有責任感的話語和行動非常重要

如果孩子不小心闖了大禍，該怎麼處理才對呢？

就讀小學二年級的江宇非常討厭上學。三月剛開學的時候，老師每天都會聯絡江宇的媽媽，因為江宇在學校都不乖乖坐好、上課鐘聲響了也不進教室，甚至還會動手打其他小朋友。

四月的某一天，江宇在去學校的路上看到兩個和自己同班的同學走在前面，因為很開心，江宇率先叫了對方：「○○○！」那兩名同學聽到之後回頭看了一眼，接著就像逃跑似地跑走了。看到同學的反應後，江宇覺得心情很糟，於是就撿起眼前的石頭，朝著同學們的方向丟過去。那顆石頭好死不死打中了一個同學的頭，被石頭砸中的同學頭部流血，就這樣暈倒了，學校因為這件事陷入一片混亂。那名同學被救護車送到醫院，他的父母、奶奶和爺爺全都跑到了學校抗議，江宇的父母也被校長叫到學校去。江宇的父母在老師們的面前向受傷孩子的爸媽道歉，事情似乎就這樣告了一個段落。

因為江宇的爸爸認為孩子就是要挨打才會成長，所以平時就會體罰。江宇的爸爸對被叫到學校這件事感到既丟臉又生氣，所以一回到家拿出棍子，對著江宇就是一頓亂打。媽媽在阻止爸爸的過程中也受了傷，傷心的媽媽這時也跟著爆炸了，江宇的家陷入了一片混亂之中。爸爸對著江宇大吼。

「你給我進去房間裡反省！還有，不要再讓我因為你犯的錯被叫去學校了。你自己犯的錯，應該要自己想辦法解決才對，為什麼我還要跟著你丟臉啊！」

請仔細觀察孩子們被罪惡感籠罩的心靈

對孩子來說，父母應該要是什麼樣的存在呢？父母對孩子來說，就像是神為尚未成熟的孩子所準備的禮物。孩子自己一個人是無法在這個險惡的世界生存的，神之所以安排父母待在孩子身邊，是為了讓他們陪著孩子一起思考，如何以充滿智慧的方式度過艱難的生活。光是帶孩子去游泳池、遊樂園，買好吃的東西給孩子吃、讓孩子去補習、穿好衣服，不代表就完全盡到了為人父母的責任。當孩子表現得越是不安、越不成熟，父母就越應該要在孩子身邊扮演最堅實的支柱。孩子遇到越大的困難，就越應該要陪著他一起思考如何解決，這才能被稱作是真正的父母。

比起自己失望、受傷的情緒，江宇的爸爸應該要先了解江宇的內心。應該要去思考事情發生的那一天，才小學二年級的兒子看到了什麼、聽到了什麼，又有什麼樣的感受。

本來就不喜歡去學校的江宇腳步沉重地走在上學的路上，想著「今天又會因為什麼事被老師罵呢？」不由得擔心了起來。就在這時候，江宇看到了同班同學們，他很開心地叫了對方的名字，但同學看到自己後卻逃跑了。在這種情況下，江宇自然會有種被背叛的感覺，同時也感到很孤單。不只如此，接下來還發生了意料之外的狀況，同學居然因為自己而受傷了。看見同學的頭流血，江宇頓時被慌張、驚嚇和恐懼的情緒籠罩。看到救護車把同學載走，對方的家人和自己的爸爸媽媽都來到學校，江宇一定很想逃跑吧！

看著爸爸媽媽因為自己的緣故，必須在很多人面前向別人道歉，江宇心裡充滿了歉疚。再加上其他小朋友投來的尖銳視線，在自己背後竊竊私語的聲音，這一切都讓江宇想立刻找個沒人的地方躲起來。回到家之後，比起被爸爸打，看著因為自己的關係被爸爸打、情緒崩潰的媽媽更讓江宇感到痛苦。甚至會產生「我為什麼要出生呢？這個世界根本就不需要我這樣的人」等罪惡感。

孩子和大人不同，他們在做出某些行動的時候大多都是一時興起，不會事先預想接下來會發生什麼事。江宇對同學扔石頭這件事當然是錯的，但在做這件事的時候，心裡並沒有像是「我要讓他的頭流血」等惡劣的想法。與此同時，江宇也沒有預料到自己的行為會讓同學流血。孩子們做事的時候並不會思考接下來會發生什麼事，所以才會不斷地失敗、犯錯。

孩子會從父母的身上學習責任感

這並不是在說孩子犯的錯都只是失誤，所以不需要去追究，也不是指父母就應該要代替孩子解決問題，並負起責任。做錯事情的時候，本來就應該要反省自己的錯誤。父母應該要教導孩子解決自己犯下的錯，並對自己的行為負責。雖然這麼說，但父母還是要根據事件的嚴重性和情況，拿捏自己該介入到什麼程度。如果孩子連小事都處理不好，還經常因此發生矛盾的話，要求孩子自己對嚴重的事件負責，只會讓他們更容易放棄，甚至會對這個世界產生憤怒。

養育孩子也需要懂得「推拉」（欲擒故縱），無論是推還是拉，都需要在合宜的時機，使用恰當的方法，才能發揮它的效果，但我們在養育孩子的過程中經常會把推和拉給弄反。在孩子需要媽媽的嬰幼兒時期，拚命地想將孩子推離自己身邊，等到孩子成了青少年，想要和朋友待在一起，嚮往外面的生活時，卻總是問孩子：「你在哪？怎麼還不回家？你什麼時候回來？」一直往自己身邊拉。

除了孩子的年紀之外，情緒狀態也是判斷該推還是拉的重要準則。當孩子想要自己嘗試做某件事，看起來很開心的時候，就要在孩子的身後推著他，讓他朝著更廣闊的世界走去。當孩子感到不安、畏怯、疲憊的時候，就要將他們拉進父母安全的懷抱裡。當孩子的心沒電的時候，千萬不能跟他們說「你自己想辦法」，這樣的話只會奪走他們更多的能量。一定要記得替孩子的心充飽電，在父母的懷抱裡充電的孩子，會好好發揮他們的能量，朝著這個世界走去。

各位是不是很好奇江宇的事情後來是怎麼解決的呢？江宇的媽媽走到在房間裡獨自哭泣的兒子身旁，抱著他說了這樣的話。

「我的寶貝，今天你一定很痛苦吧？今天發生了對你來說很難承受的大事，你的心裡一定很慌張，很不好受吧？但是你不用擔心，上帝把媽媽送到這個世界來，就是為了要在你感到痛苦的時候，陪你一起克服。我的寶貝兒子真的很棒，就算不想去學校也還是去了，會為了和同學變得更親近主動喊對方的名字，真的很認真地在過自己的校園生活呢！但即使如此，朝著別人丟石頭這件事的確是你做錯了，這點我相信不用媽媽多說，你也已經懂了。但事情已經發生了，還能怎麼辦呢？試著和媽媽一起解決看看吧！現在同學受傷了，我們買一些他喜歡的玩具和藥去給他，接著真誠地跟對方道歉，看看他的狀況好不好。」

媽媽陪著江宇一起去了受傷同學的家裡，並向對方道歉。接下來的一段時間，媽媽都陪著受傷的同學和江宇一起上下學，那名同學和江宇的關係也變得比之前更親近了。巨大的考驗有時會轉變成更好的機會，例如讓孩子一下子變得懂事的機會。經過這次的事件之後，江宇和媽媽之間的關係變得更加深厚，也變得更喜歡上學了。

並不是每次孩子做錯事情時，都可以說句：「是你自己做錯事的，所以你自己想辦法解決！」接著把孩子推開。有時候父母必須將孩子拉到自己溫暖的懷抱中，給予孩子情緒上的穩定感、勇氣和希望。如果孩子遇到不知道該怎麼處理的情況時，父母以充滿智慧的方式解決了問題，孩子就能透過觀察父母解決問題的過程，培養處事的智慧，以及解決問題的能力。除此之外，父母對孩子負責到底的模樣，也能夠讓孩子自然而然地學習到什麼是責任感。

育兒秘訣

區分需要訓斥孩子還是要表達共鳴的標準。

做為父母，我們不能只對孩子的心情表達共鳴。尤其是在孩子傷害了別人的情況下，如果父母只向孩子表達共鳴，就得要擔心孩子之後是否會再次傷害他人。要說區分需要訓斥孩子還是要表達共鳴的標準，第一個是得知該事件的時間點，第二個則是受到傷害的人，父母應該要根據這兩個標準做出不同的反應。舉例來說，如果媽媽目擊了江宇對著同學扔石頭的瞬間，就必須要立刻斥責他的行為。在這個例子中，時間點是做出不恰當行為的當下，受到傷害的人則是孩子的同學。

調解的目的並不是責罵孩子，而是中止孩子當下錯誤的行為。在這之後，必須要幫助孩子以客觀的角度看自己的行為，並防止孩子再次做出同樣的舉動。但在江宇的例子中，時間點是錯誤的行為已經發生，孩子因為該事件承受著他人責怪的視線和恐懼之後。此外，江宇在和媽媽、爸爸對話的時候，心中已經充斥著擔憂與不安。回到家後，心靈受到傷害的人不是別人，正是江宇。

媽媽們也都很清楚，教養孩子的技巧有非常多種，例如管教、讚美、處罰和共鳴等。但只要使用這些技巧的時間點和方法不同，效果就會跟著產生差異。假如江宇與父母的對話停留在爸爸所說的最後一句話的話，江宇會受到相當大的傷害，並在不知道自己能怎麼處理問題的狀態下，變得更加徬徨無助。

打造孩子的心26

指責的話語會讓孩子築起防衛的城牆

要怎麼改掉孩子總是找藉口的習慣呢？

和孩子待在一起久了，應該經常會遇到這種情況吧？

媽媽：該睡覺了，快點躺下。
孩子：等一下，我想要喝水。
媽媽：現在喝完水了，快點躺下。
孩子：等一下，我想尿尿，我要先尿尿。

媽媽：看到大人要打招呼啊！你為什麼沒打招呼？
孩子：我本來有要打招呼啊！但那個阿姨直接走出去了。

媽媽：（對著弄掉餅乾的孩子說）袋子要拿好啊！
孩子：都是因為媽媽啦！都是因為媽媽才掉下去的，所以媽媽還要再買給我。

老師：（看到孩子打同學的樣子）碩鎮！過來老師這裡。
碩鎮：是他先惹我的啦！是他先瞪我的。

孩子會開始找藉口就代表他們已經能意識到自己的錯誤，同時也代表羞恥心、慚愧等負面情緒已經被細分出來了。另外，孩子之所以會找藉口並不是為了要欺騙別人。孩子的認知能力並不像大人，因為還沒發展完全，所以無法意識到自己的藉口有多麼荒唐。因為認知能力尚未發展成熟，加上不懂得如何處理負面的情緒，孩子就會想盡快結束當下的情況，這正是他們會開始找藉口的理由。因此，就算孩子在成長過程中表現出找藉口的模樣，我們也不應該過度指責他。

在心理學上，藉口可說是一種為了防止自己受到傷害，用來保護自己的一種**心理防衛機制**。

孩子們經常使用的三種心理防衛機制

在心理防衛機制中，有不願承認自己難以承受的痛苦情況的**否定現實**，用看似有道理的藉口解釋自己錯誤行為的**自我合理化**，以及將因為自己的錯而發生的事情歸咎到別人身上，彷彿錯的是別人而不是自己的**投射**。

掌握心理防衛機制，對理解人類的行為有著非常重要的意義。例如在遊戲中偷偷犯規後，謊稱「不是我，我沒有做」就是在否定現實，這種心理防衛機制主要會在人們不想被指責，或是想逃避責任的時候出現。

就跟晚上還不想睡覺的孩子在媽媽為了將自己哄睡，要自己躺下的時候會說想喝水、想尿尿一樣，自我合理化就是在找藉口避開自己不想做的事。當媽媽質問孩子：「看到大人要打招呼啊！你為什麼沒打招呼？」時，孩子回答「我本來有要打招呼啊！但那個人直接走出去了。」也是一種自我合理化。這種心理防衛機制主要會在人們想強調現在的情況不是自己的錯，想找個社會普遍能接受的理由保護自己的時候出現。

而「投射」則是在自己打了朋友之後，用一句「這都是你的錯，是你先瞪我的不是嗎？」把錯怪到朋友頭上。又或者是在自己不小心把餅乾弄掉之後，卻說：「這都是媽媽的錯，都是因為媽媽沒有幫我抓住才會掉的！」把自己的錯誤歸咎給媽媽，或是兄弟姊妹。值得注意的是，當人們在做這樣的「投射」時，他們的內心是存有埋怨的。另外，把錯轉移到他人身上的行為也可能會對別人造成傷害，因此這可說是心理防衛機制中最需要保持警戒的一種。如果孩子認為媽媽應該要了解自己的所有情況，如果在媽媽不了解的情況下發生問題的話，孩子就會忍不住埋怨媽媽。如果孩子經常使用這種帶有埋怨與強烈心理依賴的「投射」的話，父母就必須多加留意，並提供適宜的幫助。

如果隨意掩蓋失誤，找藉口的情況就會越來越嚴重

五歲的小雄一大早就吵著要吃餅乾，要求媽媽替他拿餅乾。每天早上因為餅乾和軟糖發生的爭執已經成為日常，媽媽因為不想要一大早就跟小雄吵架，便拿了餅乾給小雄。小雄一邊走一邊開餅乾，因為沒有注意到地板上的水杯，不小心在經過的時候把水杯弄倒了。

媽媽：走路的時候要看地板啊！因為你只顧著看餅乾，水杯才會倒！

小雄：才不是，我才沒有呢！

媽媽：（獨自擦著地上翻倒的水）明明就是你弄倒的，還敢說沒有。

當孩子犯錯後找藉口搪塞，裝作不知情或謊稱不是自己做的時候，有些媽媽會想著「等他再長大一點，情況就會改善了吧！」或是「如果惹孩子不開心的話，他可能會鬧得更厲害，到時候累的只有我而已」，最後選擇了不糾正孩子。但媽媽如果因為擔心孩子會鬧脾氣，就不把孩子找藉口這件事當一回事，代替孩子處理他犯下的錯誤的話，孩子找藉口的情況就會越來越嚴重。舉例來說，小雄的媽媽可能會想：「我自己擦的話，只要一下子就能把水擦乾了。孩子正開開心心地吃著餅乾，還是別去招惹他了，弄得孩子心情不好對我也沒有好處。」假如像小雄的媽媽一樣放任不管，孩子要賴和找藉口搪塞的情況就一定會不斷出現。

請一定要記得一件事，和孩子在日常生活中發生小爭執之後，我們的解決方式並不會隨著這次的問題一起結束，我們選擇的解決方式可能會讓孩子養成錯誤的習慣和不恰當的態度。如果下次不想要再遇到同樣的情況的話，就應該要向孩子提出明確的規定和標準，讓孩子確切了解現在的狀況，引導孩子說出實話。如果小雄的媽媽能夠像下面的例子一樣教導孩子，小雄找藉口的次數就會逐漸減少。

媽媽對一早就吵著要吃餅乾，要求自己拿餅乾出來的小雄說：「吃了餅乾還是要吃飯喔！吃完餅乾之後嘴巴裡都會甜甜的，這樣飯就會變得不好吃了，那應該要怎麼做呢？因為吃完餅乾之後要先清清嘴巴裡的味道，所以吃飯之前必須要刷牙，這樣你可以接受嗎？當然，吃完飯之後也一樣要刷牙。」

如果孩子說他吃完餅乾之後會先刷牙再吃飯的話，就尊重孩子的選擇。但與此同時，媽媽也要事先告訴孩子之後可能會發生的事。「如果你現在吃了餅乾，等一下吃飯的時候沒有胃口，或是因為太飽沒有把飯吃完的話，媽媽以後就不會在吃飯前給你餅乾了，知道了嗎？」

跟媽媽約定好後，小雄拿到了餅乾。一邊打開餅乾一邊走路的小雄沒有看到地板上的水杯，不小心在經過的時候把水杯弄倒了。

媽媽：小雄！你看一下現在發生什麼事了。

小雄：（沒有認真聽媽媽說話，裝作自己不知情，繼續吃著餅乾）我不知道，不是我弄的。

媽媽：如果你不聽媽媽說話的話，媽媽就要拿走餅乾了。（為了讓孩子能專心聽媽媽說話，改變說話態度，再次試著進行對話。）媽媽剛剛在廚房裡，水杯在地板上，為什麼水會翻倒呢？

小雄：不是我弄的，是杯子自己倒下來的。

媽媽：好，小雄不是故意要把水弄倒的。但這杯水是被誰的腳踢到才翻倒的呢？

小雄：我的腳。

媽媽：對，每個人都會犯錯，但做錯事情卻說自己沒做是不對的。先把水擦乾再繼續吃餅乾吧！

要讓孩子相信他們能夠得到原諒

一般的情況下，當孩子開始找各種藉口掩蓋自己所犯的錯，想著要敷衍了事時，爸媽就會立刻生氣，不由自主地說出斥責孩子的話。但爸媽這個時候對著孩子發火、責罵孩子，對情況是沒有任何幫助的。就算真的有想說的話，也要聽完孩子的話再說，這點非常重要。無關乎年齡，當有人侵害到自己的人格、權利、人身安全，或者揭開自己過去的傷疤時，比起理性的判斷，人類總是會先表現出反擊的態度。因此爸媽充滿負面情緒的指責只會讓孩子採取反擊的姿態，對解決問題起不了任何幫助。

為了讓孩子認知到自己的錯誤，有些爸媽會一一指出孩子的錯誤，但這個方式應該要被摒棄才是。比起替孩子說出他犯的錯，幫助孩子自己說出來會更好。這有助於孩子準確地掌握情況，培養出察覺自己犯了什麼錯誤的能力。

例如向孩子提出類似「發生了什麼事？」或是「你仔細看看朋友的表情，為什麼朋友看起來那麼難過呢？」等問題，讓孩子去思考現在是什麼情況，引導孩子觀察被傷了心的人的表情。

這邊有一個重點，如果孩子不願意說實話的話，爸媽就告訴孩子自己其實知道發生了什麼事，接著用堅定的態度告訴孩子，自己會等到他願意開口為止，並表達自己希望孩子能夠自己說出口的期待。如果孩子對於爸媽要指出自己錯誤的態度表達了憤怒，爸媽就要一邊制止孩子，一邊等孩子冷靜下來。

為了幫助孩子成為一個坦率、不找藉口的人，平時父母就要表現出勇於承認自己的錯誤，向他人請求原諒的樣子，成為孩子學習的範本，這點也相當重要，請各位銘記在心。除此之外，父母也要仔細審視自己平時是否把家裡的氣氛弄得太過可怕、高壓，不允許孩子犯下任何一點小失誤。同時也要記得，如果處罰犯錯的孩子時，用的是體罰那種會帶給孩子難以承受的疼痛或痛苦的方式，孩子會為了不想被處罰而找藉口，拒絕承認自己的錯誤。

養育孩子是一個幫助還不成熟的孩子成為一名成熟大人的過程。還在成長過程中的孩子原本就會不停地犯錯，經歷失敗，請不要否認這點。當孩子確信誠實地說出自己的錯誤也能得到原諒時，找藉口的次數就會逐漸減少。

打造孩子的心27

比較的話語會回到父母身上

惹人憐愛的孩子為什麼會突然看起來那麼惹人厭呢？

有一個能夠讓平靜的情緒突然變得憂鬱、不幸的方法，那就是和別人比較。「我朋友的婆家買了一間漂亮的公寓給他們住，過得很好呢！」、「父母還送妹妹到國外留學，英語說得很好呢！」、「那個人嫁了一個年薪很高的老公，三不五時就去旅遊呢！」、「那個誰天生就苗條又漂亮，就算什麼都不做也還是很受歡迎呢！」比較會讓平凡的日常和自己變得既無能又渺小。

一句比較的話能夠毀掉寶貴的一天，也能毀掉珍貴的關係。在我們周圍，少不了像習慣似地不停與人做比較，最後毀掉自己人生的人。這是因為比較中包含了負面的、不好的能量。

如果想進行比較，起跑點必須是相同的，比較的標準也要很明確才行。例如想要比較誰跑得比較快，就必須要站在同一條起跑線上，同時出發。在這樣的前提下，根本無法就誰比較幸福做比較，因為每個人的價值標準都是不同的。根據比較的基準是健康、家人還是財產，幸福的價值和指數都會不同。

全世界七十億人口中，沒有人是一樣的。正因為每一個人都是獨一無二的個體，所以才如此寶貴，也無法拿來跟誰比較。儘管如此，還是不停地根據情況改變比較的基準，和藝人比外表，和朋友比財產，和同事比升遷的話，那麼會變得不幸也是自找的。

比較還在發育過程中的孩子更是沒有任何意義，因為每個人的發育速度都是不同的。除了每個人天生的氣質就不同之外，擁有的經驗也都存在差異。根據孩子現在最關心的是什麼，在什麼樣的家庭氛圍中成長等不同的變因，孩子的發育會產生很大的差異。就連在某種程度上算是處於穩定階段的成人都無法做比較了，孩子之間的比較又有什麼意義呢？

即使如此，爸媽們還是很愛拿孩子做各種比較，像是「其他小朋友在幼兒園也能好好吃飯」、「其他孩子都不會跟同學吵架，相處得很好」、「我去教學觀摩的時候，有個孩子專注力很高，表達能力也很強」、「同班的某某人很會說好聽的話」等。爸媽進行這些比較的瞬間，和孩子之間的關係就會開始變得不幸。

總是會忍不住嘆氣，原本惹人憐愛的孩子也突然看起來很惹人厭。如果比較的對象不是同學，而是孩子的兄弟姊妹的話，不幸的程度就會更加嚴重。當父母拿兄弟姊妹來和孩子做比較時，除了會對父母感到不滿之外，還會對和自己放在一起比較的兄弟姊妹產生負面的情感。孩子會突然生氣，心中的怒火也不停地累積，自尊感也會產生終生無法抹去的傷痕。

比較對孩子的成長沒有任何幫助

一名媽媽生了一對只差一歲的姊弟，七歲的弟弟施厚個性溫和，很懂得看人眼色，總是會觀察媽媽的心情，根據情況做出合宜的舉動。八歲的姊姊施雅個性比較難伺候，比起周圍的人，更在乎自己的情緒和感受。姊弟兩人的媽媽是十分重視規定的人，除了非常注重整潔之外，對每一件事情都有點完美主義。也正是因為如此，施雅和媽媽經常會起衝突。

媽媽：我不是說過要把黏土倒過來放嗎？如果不這麼做的話黏土會變硬，這樣要怎麼玩！人家施厚有乖乖倒過來放，黏土就還是軟的，還能繼續玩。

施雅：施厚剛剛也沒有倒過來放啊！（瞪媽媽。）

媽媽：媽媽一直都有在看，他明明就有倒過來放。還有啊！我不是叫妳學施厚需要多少拿多少，一點一點地混合嗎？妳看現在這個要怎麼辦？明明就不需要，還硬要混在一起，害得別人也沒辦法用。

比較裡頭包含了「我不喜歡你、我對你不滿意、我看你不順眼、為什麼你只能做到這樣而已」等意思。父母不認可自己原本的樣子，孩子就會對父母產生不信任感，憤怒也會逐漸地在心中積累。雖然父母說這些話是為了孩子好，但比較終究還是對解決問題沒有幫助。因為比較更偏向於情緒，而不是站在客觀的角度察看問題的根源。被比較的人會下意識地表現出防衛的姿態，而這樣的心理防衛機制只會讓他們不斷地在問題之外尋找藉口。

上面提到的例子也是如此，媽媽說了「把用完的黏土倒過來放」，希望施雅能夠改正她的行為。但就在媽媽端出弟弟來跟自己做比較的瞬間，施雅就完全不在乎黏土有沒有倒過來放的問題了。也正是因為如此，施雅才會說一些與問題根源毫不相關的話，例如弟弟其實也犯了錯。

更大的問題是，孩子可能是因為現在年紀還小，所以只是瞪了媽媽一眼就作罷。但如果未來媽媽繼續拿弟弟和自己做比較，嫉妒會引發怒氣，而怒氣會成為憤怒的火種，最後演變成燎原之火。如果孩子有個習慣性拿自己做比較的媽媽，他們長大之後就會說出這樣的話。

「我的朋友都不用補習，為什麼我就要補？」

「我的朋友們都有智慧型手機，妳為什麼不買給我？」

「某某某的媽媽超溫柔的，跟媽媽一點都不像，害我總是覺得很孤單！」

「媽媽有辦法跟別人的爸媽一樣送我去留學嗎？」

「如果要結婚，就要有錢買房子啊！妳會跟那個誰一樣買房子給我嗎？」

如果現在不停止比較的話，不久後的將來，孩子會將他從小聽到大的話原封不動地還給你。這麼認真養育孩子，到最後換來的卻是孩子的埋怨和傷害，這該有多傷心啊。比較的話說起來很容易，留下的傷口卻沒那麼容易癒合。各位是否也會習慣性地拿孩子和其他人做比較呢？在說出比較的話之前，請先想想對孩子真正有幫助的話是什麼吧！

打造孩子的心28

要孩子不要拖拖拉拉的話，會讓他們感到委屈

該怎麼改掉拖拖拉拉的習慣呢？

還記得在得到「媽媽」這個名字之前，期待著快點和心愛的寶寶見面的那些日子嗎？當時各位期許自己能當個什麼樣的媽媽呢？總是和孩子一起笑著的媽媽、只對孩子說好聽的話的媽媽、為了孩子什麼都願意拚命去做的媽媽、用溫暖的手握著孩子小手的媽媽、無論在什麼情況下都會相信孩子的媽媽、面帶溫柔微笑等待孩子的媽媽、在孩子痛苦時給予安慰的媽媽、無論發生什麼事都會站在孩子那一邊的媽媽。我想各位應該都曾下定決心要成為這樣的媽媽吧！

說著「我要成為這樣的媽媽！」期許自己能成為的模樣，說不定正是小時候的妳對媽媽的期待。雖然下定了決心，但要成為自己理想中的媽媽並不是件容易的事。原本以為只要有愛，有真心，盡自己最大的努力就能達成目標，但在養育孩子這件事情上，多半都無法像自己預想的那樣發展。

舉例來說，用了最好的食材煮了東西給孩子吃，希望他能夠吃得開心，但孩子卻不願意吃。因為趕時間忙得暈頭轉向，孩子卻連動都不動，甚至還鬧脾氣。想說是教育用的，給孩子看一下手機應該沒關係，結果孩子現在總是盯著螢幕，完全沒打算要放下。聽說媽媽自己帶孩子帶到三歲對孩子的情緒有好處，所以就算再辛苦，還是堅持自己帶孩子，但孩子卻成了沒有我就什麼都不做的媽媽跟屁蟲。我也不求他成績要多好，只要求他至少要把學校規定的功課寫完，但每到寫作業的時間就會演變成一場戰爭。每當這種情況發生，名為「媽媽」的我們真的會不知道該如何是好，覺得很憂鬱、很傷心。總是有種只有我這樣的感覺，不禁懷疑起自己是不是犯了什麼重大的失誤。接著又因為不知道該怎麼解決，變得更加不安。

在成為媽媽之前，各位曾想過自己會對孩子講這些話嗎？例如「你要這樣的話就不要吃」、「你愛怎麼做就怎麼做，我現在也不管你了」、「這是你的人生還是我的人生啊？」、「我真的要被你氣死了」等可怕的話。如果孩子能夠稍微懂媽媽的心一點，主動幫助媽媽就太好了，但孩子卻總是那副拖拖拉拉的樣子，只要一看到那個樣子，媽媽的心裡就焦急萬分。

大概有一些人會說媽媽也是人啊！要不是真的沒辦法，也不會那麼說。但我並不想說一些類似「沒關係」、「不是只有媽媽這樣，大家都一樣」、「媽媽自己小時候也經常聽到這樣的話，但現在不是也好好地長大了嗎？」的話，因為這些不過都只是表面上的安慰而已。聽到這些話的當下可能會覺得被安慰，但我們其實都很清楚，這些話在實質上並沒有什麼幫助。

孩子無法總是配合父母的速度

「要不是真的沒辦法，怎麼會這麼做」的句型，其實就是在合理化自己的行為。我幼時理想中的媽媽和我的孩子所期待的媽媽，絕對不會是合理化自己的行為、只顧著保護自己的媽媽。我們所期待的媽媽是和「儘管如此」這個詞語相稱的媽媽，懂得犧牲的媽媽。

我曾經看過一部電視紀錄片，看著已經七十五歲的老母親替一百五十公斤的五十歲兒子打理生活起居的日常，受到相當大的感動。我還記得有一位媽媽為了送患有小兒麻痺的兒子去大學上課，每天都用輪椅推著兒子去教室。當我看見在教室後頭一起聽課的媽媽時，不禁淚流滿面。我們理想中的媽媽正是那個樣子。看著這些母親，我們會一邊說：「太厲害了，因為是媽媽，所以才有辦法做到這個程度吧！」一邊讚嘆媽媽這個存在有多偉大。

光是幫孩子準備三餐、送孩子到學校和幼兒園、念書給孩子聽是無法跟「犧牲」這個詞語扯上邊的。這些做為媽媽就會有的日常，與其說是「犧牲」，「職責」這個詞應該更合適。我們不會因為盡到自己的職責就受到感動，但如果連自己的職責都沒做好，就會受到他人的議論。

盡到做為媽媽的職責後，我們至少還要做到一點，那就是不要用話語傷害孩子。如果有意願成為更好的媽媽的話，就朝著「儘管如此」的方向努力吧！如果不知道該怎麼做的話就看看書，如果更好奇的話，也可以去試著聽聽演講。如果不記得孩子發脾氣的時候該怎麼做的話，就把說到自己心坎裡的那些句子寫在容易看見的地方，三不五時就讀一下也不錯，只要持續現在所做的努力就可以了。孩子和媽媽的人生是密不可分的，其實孩子也知道自己有多調皮搗蛋，也知道自己讓媽媽操碎了多少心。「儘管如此」媽媽還是沒有放棄自己，依然不斷地努力著，孩子是永遠不會忘記這樣的媽媽的。

雖然看起來拖拖拉拉，但孩子其實自有他的理由

我們每個人都不一樣，從外表、想法、感受、使用的語言、氣質、個性到說話的語氣，甚至就連在同樣的情況下感受到的情緒也都不同。雖然是從我的肚子裡生出來的，孩子也是他人，是一個獨立的個體。想要和一切都和我不同的他人建立起關係，需要不懈的努力。

所謂不懈的努力就是指持之以恆的努力，並不是什麼艱難的任務，光是想要更了解孩子的努力就已經足夠了。當孩子表現得拖拖拉拉的時候，一定有他的理由，孩子發脾氣的時候自有他的理由，即使已經說了十次，孩子還是不聽話的時候，也一定是有原因的。請試著透過「你想到什麼場面了？你有什麼感覺？最讓你痛苦的是什麼？你現在最想做的事情是什麼？你希望媽媽怎麼做？」等問題，努力去了解孩子的想法、情緒、感受和心情。絕對不能硬是在孩子身上套入媽媽自己的想法，或是說著「應該是那樣」，靠著草率的推測自行做判斷。

我們經常會在不知不覺中無視孩子的想法，憑藉著自己草率的推測或期待強迫或指使孩子做某些事。舉例來說，好不容易抽出時間帶孩子去動物園，希望孩子能夠到動物園觀察大象、獅子和長頸鹿，但孩子卻只盯著地板，顧著抓瓢蟲。這時候媽媽說：「長頸鹿在吃樹葉呢！快過來！瓢蟲我們家門口不是也有嗎？」接著直接把孩子抱起來，朝著長頸鹿走去。雖然希望孩子從學校回來之後先把功課寫完再玩耍，但孩子今天把書包丟下後，就一言不發地坐在電視前面，一坐就是三個小時，一動也不動的。看到孩子這個樣子，媽媽開口說：「今天去學校上課很累吧？今天學校裡有發生什麼讓你感到特別累的事嗎？你看起來好像需要比平時更多的時間靜一靜，媽媽很好奇你在學校裡發生了什麼事。」像這樣真心想理解孩子的心情的媽媽並不多。

如果對孩子沒有無條件的信任的話，是無法為了解孩子做出努力的。只有專注在孩子當下的情緒上，表現出想要了解孩子的態度，才有可能成功。因此，只要願意為了解孩子做出努力，無論遇到什麼問題都能以最有效率、最理想的方式解決。

現在正在為孩子的問題感到苦惱嗎？覺得孩子總是在學校惹出麻煩、不聽媽媽的話、總是發脾氣、什麼事都不想做、不願意念書或是沉迷於遊戲嗎？如果是這樣的話，就從現在開始為深入了解孩子的內心世界而努力吧！媽媽要先表現出真心想要理解孩子內心的樣子，並為此付出努力，和孩子之間的關係才會開始恢復。

打造孩子的心29

手機的問題要和家人一同討論並一起解決

孩子要我買手機給他，我該怎麼跟他說才對呢？

在韓國，幾乎所有父母都無法避開因為手機而引起的煩惱。根據二〇一九韓國媒體固定樣本調查的結果，在韓國兒童及青少年之中，智慧型手機持有比例最高的年齡層為國中生，比例約高達96％，接著是高中生約95％，就讀小學高年級的學生約為81％，就讀小學低年級的學生則是約38％。從這個結果來看，可以知道就讀國、高中的學生幾乎人人都有手機，用手機聽喜歡的音樂、和朋友們交流已經成了他們的日常。

在這種情況下，父母很難跟孩子解釋為什麼不能買手機給他們，在手機的持有和使用問題上，很難與孩子達成協議，父母想要堅持自己的想法和教養哲學變得非常困難。不過十年前，人們的想法還是「才剛念小學而已，拿什麼手機」，現在卻是為該在什麼時候買手機給孩子而煩惱。正是因為如此，各個網站和各地的家長論壇上經常會看到「什麼時候該買手機給孩子呢？」、「是要買兒童專用手機給孩子，還是要買智慧型手機呢？」等問題。

比起具體點出該給孩子手機的時間點，兒童發育及兒童心理學專家們所給出的意見大多都是越晚越好。大概是因為使用手機引起的副作用和問題太過嚴重，所以才會想如果可以的話，就盡量延遲讓孩子接觸手機的時間點，直接解決問題的來源。

儘管如此，還是會有些父母渴望得到更具體的答案。這些父母會選擇向前輩們取經，詢問他們曾因為手機和孩子發生過哪些爭執、遇到什麼樣的問題、曾有過什麼好的經驗和其他需要留意的事項。例如幼兒時期因為自制力還不夠，絕對不能買手機給孩子；小學之後可以買，如果擔任照顧者的媽媽都待在家的話，沒有非買不可的理由，但對職場媽媽來說，買手機給孩子是有好處的。此外，有些學校也會明文禁止孩子攜帶手機，所以在決定要不要買手機給孩子的時候，必須要考慮家庭狀況、孩子所處的社會文化環境，以及孩子本身的自制力。

我們來看看一些家長們實際的經驗吧！如果孩子有手機的話，對職場媽媽來說是有好處的，除了能夠在上班的時候確認孩子的安全之外，還能隨時掌握孩子的情緒變化。另外，如果出現意料之外的突發情況時，孩子因為能夠在第一時間聯絡媽媽，媽媽就能陪著孩子一起思考最好的解決方式。

因為部分的體制外學校或私立學校甚至會要求簽訂禁止持有手機的協議，所以才會說孩子所屬的社會文化氛圍會對持有手機的時間點產生影響。除此之外，如果平時孩子就會因為太常使用父母的手機發生爭執，在他們有了自己的手機之後，這樣的問題就會變得更嚴重，父母也會越來越難控制孩子的行為，因此在買手機給孩子之前，一定要先確認孩子的自制力。

請確認購買手機的目的是什麼

家長們的親身經歷有時會比專家的指導更具體，也能更大程度地運用在現實生活中。歸納專家們的意見和前輩們的經驗後，得出的答案是最早也要在過了幼兒期，進入小學之後再考慮要不要買手機給孩子，同時也要將家庭狀況和孩子所處的環境列入考量。此外，比起要在什麼時間點買手機給孩子，重點應該要放在買手機的動機和目的才是。在弄清楚目的之後，就購買的目的選擇合適的手機，接著還要讓孩子了解使用手機的危險性，以及正確的使用方法。

舉個例子，假設父母是為了確認孩子的安全才買手機給他，而孩子則是為了要和朋友交流才會要求父母買手機，在這樣的情況下，因為兩人購買手機的目的不同，使用手機的方式也自然會有差異。父母希望孩子回到家後不要使用手機，但孩子原本就是為了和朋友交流才想買手機的，所以主要使用手機的時間就會是在回到家之後。

再舉一個例子，如果父母買手機給孩子是為了能在緊急時第一時間聯絡上人，但孩子想擁有手機的目的則是為了玩遊戲的話，當孩子在玩遊戲時，就算父母打電話來，孩子也不會接。因此在買手機之前，父母必須先和孩子一起討論買手機的目的，就使用方式達成協議。最後再根據使用目的購買合適的手機，選擇適當的行動數據用量。

在手機的使用問題上，父母和孩子之間的想法差異並不是只有購買目的而已。雖然對父母來說，孩子持有手機這件事並不是完全沒有優點，不過比起優點，大部分的父母更擔心手機帶來的危險性。但孩子就不一樣了，他們只是聽大人說手機具有危險性，實際上對手機危險性的理解並不深入。比起危險性，孩子更在乎手機能夠帶來的優點，對能夠擁有手機這件事充滿期待。父母和孩子之中，一個更重視缺點，一個更在乎優點，當兩個人的觀點存在差異時，所做出的行動也會不同，而兩人行為之間的差異最終可能會成為引發衝突的導火線。

因此父母在買手機給孩子之前，一定要清楚地讓孩子知道長時間使用手機會對健康造成負面的影響，也別忘了之後每隔一陣子就要再次提醒孩子。

在購買手機之前，要定下正確的使用規定

在購買手機之前，父母和孩子要一起制定出正確使用手機的方法與規定，教導孩

子遵守定下的規則。但在制定規定的時候，除了幾個與安全問題息息相關的規定之外，比起一開始就一條一條地列出規定的具體內容，最好是先制定出一個大框架就好。定出基本的框架之後，日後可以一邊觀察孩子的行為和使用手機的習慣，一邊制定出更詳盡的規定。

例如外出的時候，除了逼不得已必須接電話的狀況之外，都不能夠使用手機、下載手機應用程式的時候一定要經過父母的同意，這些都是與孩子安全相關的規定，所以一開始就必須要先制定下來。但一天中的什麼時間能夠使用手機、是寫完功課之後才能用，還是寫功課之前就能用等具體的內容，就請留到之後再做決定。因為會根據情況不同引發的問題實在是太多了，如果一開始就先把規定制定好，之後有可能會發生無法遵守，或是規定本身變得沒有意義的情況。

比起直接制定出具體的規定，有一個方法的效果更好，那就是提出在孩子養成正確使用手機的習慣之前，每個週末都舉行家庭會議的建議，家庭成員能夠透過家庭會議進行自我評價，並與其他家人進行協商。除此之外，比起讓父母和孩子形成一對一的對立關係，把問題拿出來和家庭成員們討論，試著一起找出解決辦法會對事情更有幫助。同時也能避免孩子產生「爸媽＝不讓我用手機的人」的認知。

父母除了能夠透過家庭會議與孩子溝通之外，也可以在這個場合拿出與手機危險性相關的報導或資料，這麼一來就可以在不指責孩子的狀況下，自然而然地讓孩子知道手機的危險性，同時幫助他們培養自我調整和控制的能力。另外，如果以「手機的使用禮儀」為主題召開家庭會議，孩子就會自己找出問題，並嘗試解決。與此同時，孩子會因為家庭會議裡的內容是自己找來的資料，更努力遵守在會議中定下的規定。

就算制定了正確的規定，如果規定對孩子來說過於繁雜，又或者是孩子根本無心遵守，那些規定就只會成為父母指責孩子的藉口。除此之外，親自參與訂定規定的過程，自動自發地遵守規定帶來的成效，會比被動地遵守某人定下的規定還要好上許多。

反正都要買手機給孩子了，最好的做法就是幫助孩子自己弄清楚使用手機的目的、了解手機可能帶來的危險性、制定並遵守正確的使用方式。

育兒秘訣

為了幫助孩子養成正確使用手機的習慣，請試著召開家庭會議。

1. 確定家庭成員們的日程之後，決定召開家庭會議的時間與地點。這時可以做一本家庭會議日誌，讓家庭成員回覆是否參與會議並簽名，這麼做可以讓家庭成員對參與家庭會議這件事更有責任感。

2. 第一次的會議主題由父母決定，從第二次的會議起，則是在前一週的會議結束之前，由家庭成員們共同決定會議主題。

3. 將第一次的會議主題定為「手機的使用禮儀」之後，請將這個主題告訴所有與會的人，讓家庭成員們能夠在這一週的時間裡查閱與主題相關的資料，並帶到會議上討論。

4. 召開會議時請準備白板，以便進行會議時能將各自的意見寫在白板上。親眼確認自己的意見能清楚地被他人看見之後，對會議的態度就會變得更認真。

家庭會議可以參考下方的範例進行。

會議主持人：現在將針對正確的手機使用方式召開第一場家庭會議。議程為「確認與會人員——一週手機使用評價——本週主題討論議案——擬定下週主題」。（家庭成員可以輪流擔任會議主持人。）那麼現在先確認出席本次會議的人員。

爸爸：爸爸〇〇〇出席。

媽媽：媽媽〇〇〇出席。

孩子：女兒／兒子〇〇〇出席。

會議主持人：接著將針對一週的手機使用進行自我評價，並聽取家庭其他成員的意見。（輪流進行自我評價，傾聽他人的意見。）在家族成員的意見中，媽媽提出「因為孩子不做作業，總是玩手機，造成自己經常會忍不住嘮叨」，那麼接著就來聽聽針對這個意見，爸爸和〇〇〇有什麼樣的想法。（提出各自的想法後，一起討論解決方案。）

接著請各位針對本週的主題「手機的使用禮儀」提出自己調查的資料，並進行報告。（和家人分享自己查到的內容，一起決定哪些手機使用禮儀能納入家規之中。）

打造孩子的心30

練習如何教導孩子們關於性方面的知識

我應該要怎麼跟孩子談性呢？

各位知道韓國青少年第一次性經驗的平均年齡是幾歲嗎？二〇一八年，教育部、保健福祉部與疾病管理廳針對六萬名青少年進行問卷調查，結果顯示韓國青少年們第一次發生性行為的平均年齡為十三點六歲。在二〇二〇年引起全韓國公憤的N號房事件中，散布兒童、青少年性剝削影像的行為令人髮指，而令人們感到更加震驚的是，本事件的主犯是一名在我們周圍隨處可見的普通市民，共犯甚至還只是一名十八歲的青少年。

令人擔心的是，在我們的孩子所生活的現代社會中，比起在實際生活中直接與人互動，大部分的情況下，人們都是透過社群媒體與人建立關係。在社群媒體上，觀看次數和追蹤數非常重要，為了能夠增加觀看次數和追蹤數，社群媒體上充斥著與性相關的煽情內容，尺度也越來越大，這樣的現象成了非常大的隱患。

無關乎性別，現在無論是生男孩還是女孩，父母們都開始重視起何時、如何對孩子進行性教育這件事。包含德國在內的多個歐洲國家很早就將性教育列入生命及人權的相關領域，從幼兒時期就開始自然地進行性教育。在進行性方面的教育時，這些國家會著重在責任感與自我決定權上，並讓孩子意識到違反相關的規定會被視為重大犯罪。

相較之下，韓國更重視與倫理相關的教育，關於性方面的教育則非常少。對性產生好奇心與欲望是一種再自然不過的人類本能，同時也是一段探索自我的過程，因此無論孩子在什麼時候對性感到好奇，針對性提出了什麼樣的問題，都不需要感到難為情、羞恥或產生罪惡感，這麼做對孩子的教育並不是一件好事。

因此父母應該要事先做好心理準備，這麼一來才不會在孩子們對性感到好奇，或提出相關的疑問時不露出慌張的一面，能夠好好和孩子進行對話。除此之外，父母們需要特別留意的是，如果孩子沒有好好接受正確的性教育，並在這種情況下接觸到暴露、淫穢的影像內容，就有可能會產生扭曲的性觀念。正是因為如此，父母們必須要事先幫助孩子培養對性的正確概念、價值觀和態度。

對和「性」相關的談話抱持自然的態度非常重要

在針對性與孩子進行對話時，最重要的就是自然的態度。因此，不需要告訴孩子過多的資訊，也不用為了提前告訴孩子更多細節而費心。想要好好進行性教育，父母首先應該要做的事情就是觀察孩子對性的好奇心、性概念的發展以及變化。根據孩子發展的狀況，性教育的內容和方法也應該要有所改變。不分時間、問題、主題，孩子總是會嘗試著向父母提出自己的疑問，並透過對話的過程與父母分享彼此的意見對吧？這點在性教育中也十分重要，父母應該要讓孩子產生信賴感，讓孩子知道就算是關於性方面的問題，也同樣可以向父母提問或是請求協助。

孩子從嬰幼兒時期到青少年時期會經歷許多身體上的變化，而這個過程也十分漫長。站在孩子的立場上，這些身體變化對他們來說是相當陌生的。隨著生理上和情感上的發展，孩子對性的好奇心與關注程度也會產生變化，這樣的現象是非常正常的。因此在關於性的教育上，我們必須要配合孩子的發展，進行長期且階段式的教導。

孩子滿三歲左右，就可以透過遊戲開始性方面的教育

我們依照不同的年齡層，一個一個來看看具體的情況吧！約莫是滿三歲的時候，孩子對性別的認知與區分會變得越來清楚。與此同時，男孩與女孩的穿著會比較明顯地產生差異，孩子喜歡的遊戲大多也會因為性別開始變得不同，開始有了男孩喜歡玩的遊戲，和女孩喜歡玩的遊戲。因此，基本上在孩子滿三歲之後，就能夠正式開始進行性教

育了。

在滿三歲之後到進入小學之前的幼兒期，孩子會體驗到性別角色的區分及對身體的探索。幼兒在結束排便訓練之後便開始分開使用洗手間，也會透過幼兒園裡的課程，接受關於男性與女性身體上的差異、我們的身體很珍貴、不能隨便要求看別人的身體，或是讓別人看到自己的身體等性教育。這個時期對凡事都充滿好奇心，不會為某些話題感到難為情，能夠不帶偏見地接收不同的資訊。因此應該要配合幼兒的理解程度，透過他們輕輕鬆鬆就能看懂的童話故事、音樂劇、布偶劇來進行性教育。

關於性方面的問題，幼兒時期主要是過度玩弄生殖器，做出自慰行為，或是違反「不能隨便看他人身體」的規定，要求異性朋友讓自己看身體，或是自己嘗試著看對方的身體等。但這些問題和之後孩子發展的問題無關，只是單純好奇心太重，或是因為自制能力還不夠，無法好好遵守規定而已。在這個時期，父母站在大人的視角對孩子的這些行為貼標籤，或是為此過度地斥責孩子都是非常危險的。

進入小學後，要掌握這時期兒童的特徵

孩子上了小學，進入兒童期之後，對性的關注會和幼兒時期有些不同。孩子會清楚地區分男女，男孩和女孩會對另一方產生敵意，甚至演變成嚴重的對立關係。之所以

會有這樣的行為，是因為孩子為了要感受自己性別的魅力，會下意識地將另一個性別的人視為需要警戒的對象。也正是因為如此，過去明明能夠很自然地與爸爸、媽媽、異性兄弟姊妹或與自己性別不同的老師有肢體上的接觸，但到了這個時期之後，孩子就會開始對這些肢體接觸感到抗拒，或是感到奇怪、難為情。

最特別的是，雖然這個時期的孩子大部分都喜歡和同性交朋友，與同性別的人待在一起，卻還是會出於本能地對異性產生好感。也是在這個時期，孩子會特別關注充滿魅力的藝人，或是受歡迎的異性朋友，心裡也會開始產生與異性有關的煩惱。

從兒童後期跨越到青少年期的過程中，男孩會經歷勃起，女孩則會經歷月經。這時候，為了不讓孩子對初次經歷的勃起和月經感到慌張，必須要告訴他們這些生理現象的意義以及處理方式。舉例來說，告訴孩子勃起是每個男性都會有的生理現象，這代表他們的身體很健康，讓孩子安心。在給予正面的反饋的同時，也要告訴孩子生殖器可能會跑出某些物質，並告訴他們該如何處理。

月經也是健康的女性都會有的生理現象，告訴孩子這樣的情況每個月都會發生一次，在身體排出經血的過程中，腹部可能會感到疼痛。另外，提前告訴孩子月經時所使用的衛生棉有什麼類型、處理和使用的方法，以及沒有經常更換衛生棉時會發生什麼樣的情形，才能讓孩子在初經來潮時不會過度驚慌。

請告訴孩子如果遇到困難一定要懂得請求幫助

人對性的關心和性關係都是很自然的事情，所以父母最好以自然的方式，經常和孩子討論性方面的話題。父母應該要表現出無論在什麼樣的情況下，自己都會支持孩子的選擇，給予孩子信賴感。與此同時，也要讓孩子知道當他有和性相關的煩惱或困難時，隨時都能向父母請求協助。

舉例來說，在看電視劇或電影的時候，父母可以針對性觀念和態度試著進行對話。當社會上發生了一些與性相關的問題和事件時，陪著孩子一起看新聞或相關報導，讓孩子說說自己的看法也是個很棒的教育方式。但因為性涉及個人情感與經驗，所以即使是父母，也不應該過問太過私密的問題，侵犯孩子的隱私。

最重要的是，千萬要記得父母是對孩子最有影響力的模範，父母的行為會影響孩子對性的想法。因此，父母自己也必須要表現出對不同性別的尊重，同時留意不要做任何和性相關的貶低言論或玩笑話。

育兒秘訣

幼兒期性問題 1：擺玩生殖器的行為

1. 觀察孩子會在何時和什麼情況下觸摸生殖器。
2. 經常觸摸生殖器可能會造成腫脹或細菌感染，所以必須教導孩子觸摸生殖器時必須要立刻洗手。
3. 如果孩子是因為無聊才自慰的話，請用其他玩具轉移孩子的注意力。如果孩子是因為感到焦躁不安才自慰的話，請盡可能解決造成孩子不安的根本原因。

幼兒期性問題 2：對異性朋友的身體產生好奇的行為

1. 請將此視為是孩子對性的好奇心和關心增加的訊號，思考有什麼適合孩子的性教育內容和方式（布偶劇、繪本等）。

2. 說明男女分開使用洗手間、澡堂會分男女專用的理由，讓孩子明確地知道不能隨便看他人的身體。

3. 當孩子亂看朋友的身體時，試著告訴孩子朋友會有什麼樣的感受，教導孩子誠心地向朋友道歉。

4. 如果孩子還是無法控制自己的行為，一樣的問題反覆發生的話，請找專家討論，提供孩子需要的幫助。

幼兒期性問題3：對於懷孕的疑問

1. 在幼兒期，孩子所問的問題大部分都是源自於單純的好奇心，或是受到教育等外部環境的影響而產生疑問。因此父母首先要做的就是掌握孩子提問的目的，以及對問題的理解程度。

2. 透過反問孩子：「對啊！寶寶是怎麼來的呢？」來了解孩子提出這個疑問的意圖。

3. 最好的回應方式就是先根據孩子的回答給予正面的反饋，接著結合科學和「愛的結晶」這種情感上的說法為孩子做說明。舉例來說，可以用「爸爸身體裡有個叫精子的種子，精子遇到了媽媽身體裡面叫卵子的種子，因為兩個種子相愛，才會有寶寶」的說法向孩子解釋。

兒童期性問題4：和異性父母分開洗澡的時機

1. 兒童期是對其他性別開始產生警戒心並感到害羞的時期。因此，當孩子即將進入可能會對此感到難為情的兒童期，就要開始試著分開洗澡了。

2. 就算孩子沒有直接說「我不要和媽媽／爸爸洗澡，好丟臉」，但孩子只要到了兒童期，就自然而然會產生這樣的感受。因此最好在孩子進入小學之前開始分開洗澡。

想培養出懂得解決矛盾的孩子，爸媽該說什麼樣的話

- 不管再怎麼生氣，父母也要努力克制，不要在孩子面前表現出無法控制情緒的模樣。請別忘記如果父母做了不好的示範，孩子就會持續做出不恰當的行為，或是引發其他問題。
- 孩子和朋友們發生爭執時，比起直接給孩子答案，幫助孩子建立強大的心靈，並培養孩子的獨立才是最重要的。從孩子小時候就教導他們自己做判斷和選擇，並為自己所做的行動負起責任，這樣的經驗會成為孩子主導自己人生的原動力。
- 當孩子做錯事的時候，說一句「你自己想辦法解決！」就將孩子推開並不是正確的解決方式。有時候父母需要給孩子一個溫暖的擁抱，給予他們情緒上的穩定感、勇氣和希望。父母對孩子負責到底的模樣，也能夠讓孩子自然而

然地學習到什麼是責任感。

- 從心理學的角度來看，藉口是因為避免自己受到傷害的一種心理防衛機制。當孩子想要利用藉口掩蓋自己犯下的錯誤時，過度情緒化的斥責並不會有任何幫助，先好好傾聽孩子想說些什麼才是最重要的。
- 父母必須事先做好心理準備，這麼一來才不會在孩子們對性感到好奇，或提出相關的疑問時露出慌張的一面。父母要讓孩子感覺到爸媽無論在什麼情況下，都會支持他的選擇，給予孩子信賴感。同時也要讓孩子知道當他有和性相關的煩惱或困難時，隨時都能向父母請求協助。

後記

孩子的心是由父母所說的話打造出來的

人們經常會說「這取決於你的決心」對吧？我自己也很喜歡這句話，同時也相信這句話在某種程度上是對的，只不過下定決心這件事並不容易。只要下定決心減重就可以了，但害怕會失敗的不安總是讓人無法下定決心。想要下定決心每天花三十分鐘學英語，但一想到真的要做這件事，就會被迎面而來的壓力，將下定決心的時間點往後延。

我們經常會強迫孩子們下定決心，對著腦袋不差，但就是懶得讀書的孩子說：「明明下定決心的話就能做得很好」，表達自己的惋惜之情，並懇切地希望孩子能夠下定決心。

但下定決心這件事不像說得那麼簡單。在下定決心之前，要先清楚地知道自己想要什麼，還要有「我能夠做得到」的信念。另外，還必須要有強大的意志力，在下定決心的事達成之前控制好自己的行為。我們口中的下定決心其實隱藏著自我意識、自我效能感和自我管理能力等自尊感的要素。

下定決心「一天玩三個小時的遊戲」、「一天睡十個小時」當然很容易，但問題是這些並不是父母所期待的「下定決心」。具有建設性、創意性和利他性的決心完全是另一回事，這還牽扯到能夠理解他人內心的共鳴能力，以及剛正不阿的人品。所以說下定「好的決心」這件事其實跟自尊感、共鳴能力和正直無私的人品是息息相關的。

想要下定「好的決心」，必須要先有一顆美好的心，而全天下只有父母才有辦法為孩子打造出一顆美好的心，其中媽媽的影響力又更大。雖然在育兒過程中，媽媽會覺得每天似乎都重複著一樣的生活，不停發生矛盾又看不見任何成果。育兒對媽媽來說就像是一場永遠無法結束的戰爭，但其實這之中的每一天，媽媽都正在打造孩子的心。

打造孩子的心比什麼都還要重要。如果無法適時地為孩子打造出一顆健康的心，讓他們的心出現黑洞或變得扭曲，會發生什麼事呢？當心產生了裂痕和傷口，後果會比想像中更可怕。一顆扭曲、受傷的心會讓孩子做出我們無法想像的可怕行為。父母不用教孩子科學的原理，也不需要教孩子學會說一口流利的英語。就算孩子小時候沒送他去參加校外教學或語言遊學，也不會有什麼太大的問題。但一定要為孩子打造一顆健康且美好的心，教導孩子把他人的心當作是自己的心一般珍惜。

二十多年來，我在各種教育和諮商現場為孩子們的成長和發展提供幫助，找出妨礙孩子健康成長的因素，與孩子和他們的父母進行諮商。從我的經驗中，我發現孩子如果想擁有一顆美好的心，就必須要和他人心靈相通。心跟數學不同，並不是用腦袋就能理解的事物。只有父母和孩子能夠心靈相通，才能透過這樣的溝通打造出一顆美好的心。

在為數眾多的例子中，我親身見證了不少例子。那些在父母身邊打造出健康心靈的孩子一般都能擁有高自尊，他們在出了社會之後，也能靠著高自尊下定決心好好過生活。當孩子有一顆美好的心，他們就能理解他人內心的想法，成為一個能為周遭的人帶來歡笑的幸福傳道士。

心靈相通的溝通絕非易事，但可以確定的是，這件事並不是不可能的任務，理由則是因為我們是父母。因為孩子是我們生下來的，是我們為孩子打造出眼睛、鼻子和嘴巴的，與此同時，我們也是世界上最愛孩子的人。所以我們也一定能夠了解孩子的心。

先從一些小事開始做就可以了，多看著孩子笑、讓自己愉快地度過每一天、仔細觀察孩子的真實想法、用美好的話和孩子對話，只要能做到這些就夠了。

一開始不知道該怎麼跟孩子溝通也沒關係，試著把書中範例所說的話抄到筆記上，大聲地唸三次看看。剛開始因為從來沒說過，會說不出來是很正常的，但只要自己練習說看看，之後就能很自然地說出口了。

就算說這些話的時候有些尷尬也沒關係，孩子看著爸爸媽媽克服尷尬努力的樣子，也會產生想要努力成為好孩子的想法。請記得父母成長多少，孩子就會跟著成長多少，我也會一直為各位加油的！

國家圖書館出版品預行編目資料

一句話收服小孩子：聰明家長的37堂兒童心理學說話課/金恩喜（김은희）著；丁俞 譯.--初版.--臺北市：平安. 2023.5 面；公分. --（平安叢書；第0760種）（親愛關係；27）
譯自：엄마가 되어 말하기를 다시 배웠습니다

ISBN 978-626-7181-64-5（平裝）

1.CST：親職教育 2.CST：親子溝通 3.CST：育兒

528.2 112005618

平安叢書第 0760 種
親愛關係 27

一句話收服小孩子

聰明家長的37堂兒童心理學說話課

엄마가 되어 말하기를 다시 배웠습니다

作　　者—金恩喜
譯　　者—丁　俞
發 行 人—平　雲
出版發行—平安文化有限公司
台北市敦化北路120巷50號
電話◎02-27168888
郵撥帳號◎18420815號
皇冠出版社(香港)有限公司
香港銅鑼灣道180號百樂商業中心
19字樓1903室
電話◎2529-1778　傳真◎2527-0904
總 編 輯—許婷婷
執行主編—平　靜
責任編輯—張懿祥
美術設計—之一設計/鄭婷之、黃鳳君
行銷企劃—蕭采芹
著作完成日期—2020年
初版一刷日期—2023年5月

法律顧問—王惠光律師

讀者服務傳真專線◎02-27150507
電腦編號◎525027
ISBN◎978-626-7181-64-5
Printed in Taiwan
本書定價◎新台幣340元/港幣113元